우리 역사에
숨어 있는
인권 존중의
씨앗

우리 역사에 숨어 있는
인권 존중의 씨앗

1판 1쇄 발행일 2020년 10월 28일　1판 7쇄 발행일 2024년 4월 17일
글쓴이 김영주, 김은영　그린이 한용욱　펴낸곳 (주)도서출판 북멘토　펴낸이 김태완
편집주간 이은아　편집 김경란, 조정우　디자인 안상준　마케팅 강보람, 민지원, 염승연
출판등록 제6-800호(2006. 6. 13.)
주소 03990 서울시 마포구 월드컵북로6길 69(연남동 567-11) IK빌딩 3층
전화 02-332-4885　팩스 02-6021-4885

🌐 bookmentorbooks.co.kr　✉ bookmentorbooks@hanmail.net
📷 bookmentorbooks__　Ⓑ blog.naver.com/bookmentorbook

ⓒ 김영주, 김은영 2020

이 도서는 한국출판문화산업진흥원의 '2020년 우수출판콘텐츠 제작 지원' 사업 선정작입니다.

※ 잘못된 책은 바꾸어 드립니다.
※ 이 책은 저작권법에 따라 보호를 받는 저작물이므로 무단 전재와 무단 복제를 금합니다.
※ 이 책의 전부 또는 일부를 쓰려면 반드시 저작권자와 출판사의 허락을 받아야 합니다.
※ 책값은 뒤표지에 있습니다.

ISBN 978-89-6319-387-8　73300

이 도서의 국립중앙도서관 출판예정도서목록(CIP)은 서지정보유통지원시스템 홈페이지(http://seoji.nl.go.kr)와 국가자료종합목록 구축시스템(http://kolis-net.nl.go.kr)에서 이용하실 수 있습니다. (CIP제어번호 : CIP2020042703)

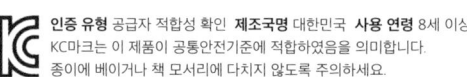
인증 유형 공급자 적합성 확인　제조국명 대한민국　사용 연령 8세 이상
KC마크는 이 제품이 공통안전기준에 적합하였음을 의미합니다.
종이에 베이거나 책 모서리에 다치지 않도록 주의하세요.

고려 동서대비원부터 무료 급식소까지!

우리 역사에 숨어 있는
인권 존중의 씨앗

김영주·김은영 글 | 한용욱 그림

북멘토

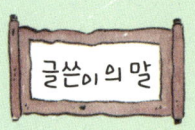

글쓴이의 말

개인의 생명과 가치를 중시하는 인권 의식은
우리 역사 속에 숨어 있는
인권 존중의 씨앗에서 비롯되었어요.

우리는 이 지구에서 단 하나뿐인 존재랍니다. 그래서 저마다의 고유한 가치를 가지고 있지요. 공부를 잘한다거나 외모가 빼어나다고 해서 더 가치 있는 사람이 되는 것도 아니고, 그 반대라고 해서 가치가 낮아지는 것도 아니에요. 사람은 태어난 그 자체만으로 소중하며, 누구나 똑같이 존엄한 존재예요. 이런 생각이 바로 '인권'의 바탕이에요.

인권이란 인간이라면 누구나 당연히 누려야 하는 기본적인 권리예요. 인권은 인종, 성별, 나이와 상관없이 보장받아야 해요. 하지만 과거에는 이런 인권 의식이 많이 부족했어요. 신분으로 사람을 구분하여 차별하거나 인권을 침해하는 일이 많았어요. 여자들은 전혀 교육을 못 받기도 했고, 노예나 노비를 물건처럼 사고팔기도 했지요. 하지만 근대를 거치고

현대로 오면서 인권에 대한 의식은 동서양을 막론하고 크게 발전했어요. 그런데 여러분은 이런 인권 의식이 서양에서 출발한 것으로 알고 있나요? 그렇지 않아요. '인권'이라는 단어가 생기기도 전부터 우리 역사에는 사람의 생명을 존중하고 인권의 가치를 일깨우는 다양한 제도들이 있었답니다. 이 책은 그 이야기를 들려주기 위해 시작되었어요.

역병, 전쟁, 가뭄 때문에 굶어 죽는 사람이 없도록 무료로 곡식을 나누며 생명 존중을 실천한 진제장, 신분 차별 없이 아픈 사람을 치료하며 의료 평등을 꿈꿨던 동서 대비원, 시각 장애인들의 자립을 돕기 위해 만들어진 명통시, 재능 있는 노비들에게 관직에 진출할 수 있는 기회를 열어 준 유외 잡직, 억울한 사람이 없도록 세 번 재판을 받을 수 있게 한 삼복

제 등 우리 역사 속에는 숨은 인권 존중의 씨앗들이 많이 있답니다. 이런 제도를 통해 우리 선조들의 높은 인권 의식을 엿볼 수 있어요. 또 이 책에서는 앞서 나온 역사 속 제도들이 오늘날 어떻게 발전했는지 알려 주고, 세계 여러 나라의 인권 사상이 드러난 제도도 소개했어요.

  책을 읽는 동안 여러분 가슴 속에 작은 인권 존중의 씨앗이 심어졌으면 좋겠어요. 그리고 그 씨앗이 우리 역사에 대한 자긍심과 함께 당당히 싹트길 바라요. 무엇보다 우리는 모두 활짝 피어날 수 있는 소중한 존재라는 것을 잊지 않길 바랍니다.

김영주, 김은영

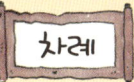

글쓴이의 말 4

1장 생명 존중의 씨앗, 조선의 진제장

공짜로 죽을 준다고요? 12
역사 속으로 | 백성이 굶지 않도록 보호한 조선의 진제장 22
지금 우리는 | 진제장에서 피어난 생명 존중의 마음 24
세계 속으로 | 로마의 곡물법 26

2장 장애인 복지의 씨앗, 조선의 명통시

세상 속으로 30
역사 속으로 | 세계 최초의 장애인 복지 기관, 명통시 40
지금 우리는 | 장애인 보호와 인권 보장의 기초, 장애인 복지법 42
세계 속으로 | 장애인들의 스포츠 축제, 패럴림픽 44

3장 기회 균등의 씨앗, 조선의 관직 진출 제도

노비 소년의 꿈 48
- **역사 속으로** | 노비에게도 열린 관직, 조선의 유외 잡직 57
- **지금 우리는** | 원한다면 누구든 꿈을 꾸어라! 한국장학재단 60
- **세계 속으로** | 유아 교육부터 대학까지 책임지는 핀란드 62

4장 아동 보호의 씨앗, 고려의 아동 보호 제도

부모 잃은 갑순이의 눈물 66
- **역사 속으로** | 고아들을 보호한 고려 77
- **지금 우리는** | 아동 인권을 지키는 유엔 아동 권리 협약 80
- **세계 속으로** | 아동 구호 국제기구를 창설한 에글렌타인 젭 82

5장 재소자 인권의 씨앗, 조선의 재소자 보호 제도

감옥에서 죽고 싶지 않아요! 86
- **역사 속으로** | 죄는 미워하되 사람은 미워하지 않는 '재소자를 위한 5대 강령' 96
- **지금 우리는** | 발전하는 교정 복지 제도 99
- **세계 속으로** | 처벌보다 치료에 집중한 스웨덴의 인권 중심 교도소 101

6장 의료 평등의 씨앗, 고려의 동서대비원

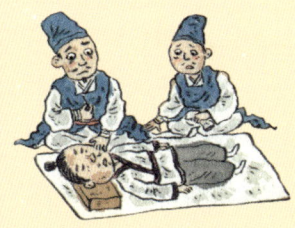

의원을 찾아서 106

역사 속으로 | 무료 진료로 생명과 인권을 지킨 동서대비원 118
지금 우리는 | 치료비보다 사람이 먼저인 의료 급여 제도 120
세계 속으로 | 의료 복지의 중심, 건강 보험 122

7장 노인 부양의 씨앗, 고려의 군역 면제 제도

제가 대신 다녀올게요 126

역사 속으로 | 노인을 존중하고 보호하는 고려와 조선의 양로 제도 136
지금 우리는 | 21세기 노인 복지와 인권 보장 138
세계 속으로 | 초고령 맞춤 도시, 일본의 도요시키다이 140

8장 법 앞 평등의 씨앗, 고려의 삼복제

저는 정말 억울합니다! 144

역사 속으로 | 신중한 판결로 생명을 지킨 고려의 삼복제 154
지금 우리는 | 모두가 평등하게 보호받을 권리, 심급 제도 156
세계 속으로 | 국민의 기본 인권을 중요시한 미국의 배심 재판 제도 158

사진 출처 160

1장

생명 존중의 씨앗,

조선의 진제장

공짜로 죽을 준다고요?

　벌써 3년째 내리 흉년이다. 그러다 보니 굶는 사람들이 많아졌다. 나무껍질을 벗겨 물에 담가 두었다가 진액이 빠져나오면 그 물을 마시며 온 식구가 버티기도 했다. 하지만 겨울이 가까워져 그마저도 구하기 어려워질 것이다.

　열 살 연두에겐 배고픔보다 더 큰 걱정이 있었다. 바로 전염병이었다. 전염병이 돌고 있다는 소문을 들은 이후로 연두의 두려움은 커졌다. 몇 해 전 전염병으로 아버지가 돌아가셨는데 엄마까지 연두 곁을 떠날까 봐 무서웠다.

 연두의 걱정은 괜한 것이 아니었다. 사실 엄마는 요즘 제대로 먹지 못해 몸이 많이 약해져 있었다. 먹을거리가 생기는 대로 연두에게 양보했던 것이다. 연두는 자다가도 문득문득 엄마의 심장이 뛰는지 가슴에 손을 대 보곤 했다.

 "순덕아, 넌 배 안 고파? 난 너무 배고파."

 연두는 기운이 없어 털썩 주저앉았다. 눈 뜨자마자 먹을 것을 구하러 나왔는데 또 아무것도 얻지 못했다. 연두는 화가 나서 들고 있던 나뭇가지를 멀리 던졌다. 그러자 도토리라도 줍겠다던 순덕이도 포기하고 연두 곁에 앉았다.

"진짜 너무 배고파. 오늘은 죽이라도 먹고 싶다!"

"우리, 아래 큰 마을에 가 볼래? 혹시 간밤에 제사를 지낸 집이 있을지도 모르잖아."

연두는 빈손으로 집에 가기 싫어 순덕이를 재촉해 마을로 내려갔다.

"순덕아, 저기 봐. 저 긴 줄은 뭐지?"

마을로 내려온 연두는 낯선 광경에 눈을 동그랗게 떴다. 기운 빠져 가기 싫다던 순덕이도 눈이 커졌다. 마을 관아 앞에 처

음 보는 움막이 있었고, 그 앞엔 하얀 김이 막 올라오기 시작한 가마솥이 수십 개나 보였다. 그리고 그 옆으로 많은 사람이 줄을 서 있었다.

"오늘부터 여기 진제장은 매일 이 시각에 열릴 예정이오. 줄을 서시오. 죽은 모두 먹을 수 있을 만큼 있소. 그러니 다들 차례만 지켜 주시오. 조금만 더 끓이면 되오."

관리가 큰 소리로 외치는 말에 놀라 연두와 순덕이는 동시에 마주 보았다. 공짜로 죽을 나누어 준다는 말이 쉽게 믿기지 않았다.

"순덕아, 저것 봐. 진짜 죽이 끓고 있어. 와, 세상에!"

"우리한테도 줄까? 어른들한테만 주는 거 아니야?"

너무나 먹고 싶었지만, 막상 어른들만 쭉 서 있는 줄을 보니 선뜻 끼어들기가 어려웠다. 진제장이라는 곳은 들어 본 적도 없었고, 공짜 죽은 더더욱 믿기지 않았다. 하지만 죽 냄새를 맡고 그냥 갈 수는 없었다. 용기를 내서 줄의 맨 뒤에 섰다.

"야, 너희는 뭐냐? 어른 모시고 와. 어디 꼬맹이들이……."

연두와 순덕이 뒤로 줄을 서려던 남자가 말했다.

'그럼 그렇지…….'

연두는 공짜로 죽을 먹을 수 있는 행운이 이렇게 쉽게 찾아올 리 없다 싶었다. 그리 생각하니 더 속상해서 울고 싶어졌다.

"아니, 저기 저분이 줄만 서면 공짜로 죽을 먹을 수 있다고 하셨어요!"

연두는 울음을 참으려고 자기도 모르게 큰 소리로 대꾸했다. 그러자 앞에 서 있던 사람들이 일제히 돌아보며 웅성거리기 시작했다. 사람들의 시선이 집중되자 연두는 덜컥 겁이 났다. 순덕이도 무서웠는지 연두의 소매 끝을 잡고 집에 가자고 끌었다. 하지만 이대로 물러설 수는 없었다.

"아이라고 안 된단 소리는 없었어요. 줄만 서면 된다고 들었다고요!"

 무서움을 이기려고 더 큰 소리로 말하자 씩씩거리던 남자가 손을 올렸다. 연두는 눈을 질끈 감았다. 곧 눈앞에 불이 번쩍하고 뺨이 얼얼하겠지 싶었는데 갑자기 남자의 비명이 들렸다. 연두가 놀라 눈을 떠 보니 남자는 팔이 꺾인 채 고통스러워하고 있었다.

 "아이에게 먼저 먹으라고 양보를 해야지, 이게 무슨 짓이냐! 그리고 너희들은 어찌 아이가 당하고 있는 모습을 보고만 있느냐? 부끄러운 줄 알아라. 다시 이런 일이 있으면 모두 엄벌을 내릴 것이다. 어서 이자를 끌고 가라!"

 천둥 같은 호통이 벼락처럼 떨어졌다. 연두가 놀라 쳐다보니 눈빛은 강하지만 인자한 얼굴의 어르신이 서 있었다.

 "놀랐느냐? 미안하다. 오늘이 진제장 첫날이다 보니 문제가 좀 있었구나. 하지만 걱정 말아라. 다시는 이런 일이 없게 단단히 일러 두었으니."

"그럼, 저희 죽 먹어도 돼요?"

죽도 못 먹고 쫓겨나겠구나 싶었던 연두는 뜻밖의 말에 자기도 모르게 죽을 먹을 수 있는지부터 물었다.

"그럼, 그럼. 당연하지! 여기 진제장은 어른 아이 할 것 없이 굶주린 백성이면 누구나 와서 먹을 수 있단다. 하루에 두 번, 아침저녁으로 죽을 먹을 수 있어. 배불리 먹게 하지는 못하더라도 굶어 죽는 사람은 없게 하려고 만든 곳이란다. 백성이 살아야 나라가 살 수 있다는 전하의 뜻이지. 게다가 노인과 부인, 아이를 먼저 챙기라는 분부가 있었으니 너희에게 먼저 죽을 주마."

"집에 엄마도 굶고 계세요. 엄마 것도 주세요!"

급한 마음에 연두는 고맙다는 말보다 엄마 몫까지 달라는 소리가 먼저 나왔다. 그 모습이 얼마나 간절해 보였는지 관리는 기특하다는 듯 웃으며 말했다.

"허허, 그건 안 되는데. 하지만 억울한 일도 겪었으니 오늘만

특별히 주마. 내일부터는 엄마와 같이 와서 줄을 서거라. 그러면 어른이 받는 두 홉 다섯 작('홉'은 곡식이나 가루, 액체 등의 부피를 재는 단위. 한 홉은 약 180ml이고, '작'은 홉의 10분의 1이다.) 과 아이가 받는 두 홉을 모두 받을 수 있을 터이니. 알겠지?"

연두는 엄마의 죽도 얻을 수 있다는 말에 그제야 마음이 놓였다. 긴장이 풀리고 나니 왈칵 뜨거운 눈물이 솟았다. 하지만 울기 싫어서 다 해어진 소매 끝으로 눈물을 꾹 찍어 냈다. 어서 엄마에게 죽을 가져다 드리고 싶은 마음뿐이었다.

"나리, 정말 고맙습니다!"

 역사 속으로

백성이 굶지 않도록 보호한 조선의 진제장

사람은 누구나 생명을 유지하고 보호받을 권리가 있어. 생명을 지키는 일은 인간의 존엄성을 유지하기 위한 가장 기본적인 일이니까. 하지만 흉년이 잦던 옛날에는 굶어 죽는 사람들이 많았다고 해.

조선의 4대 왕 세종은 나라의 창고를 열어 백성들에게 먹일 음식을 내놓았어. 마을 관아마다 가까운 곳에 움막을 지어 음식을 무료로 만들어 주었지. 그곳이 바로 진제장이야.

진제장에서는 가난한 백성들이 굶어 죽지 않도록 음식을 나눠 주었어. 그래서 이름과 주소를 적은 간단한 확인 서류조차 음식을 주고 나면 바로 없애 버렸어. 혹시 나중에 갚으라고 할까 봐 걱정하는 백성의 마음까지 헤아린 거지.

진제장 근처에서 굶어 죽은 사람이 있으면 관리들을 중벌에 처했어. 반대로 많은 사람을 구한 관리에겐 큰 상을 내렸지. 관리들이 적극적으로 굶는 사람들을 찾도록 한 거야. 또 진제장이 있다는 사실을 백성들에게 반드시 알리게 해서 더 많은 사람이 찾아오도록 했어.

그뿐만이 아니야. 아픈 사람이 오면 바로 치료할 수 있도록 배려하기도 했어. 진제장 옆에 초가집을 짓고 관가의 사람들이 돌보았지. 또 베로 만든 옷도 나눠 주었어. 정조 때는 진제장 덕분에 전국 인구의 반이나 굶게 된 흉년을 잘 넘겼다는 기록도 남아 있어. 이처럼 진제장은 오랜 기간 동안 백성을 지켜 준 곳이었어.

진제장을 잘 관리한 황희와 안순

세종 때 영의정을 지낸 황희는 진제장을 많이 아꼈어. 강원도 감사로 있을 때도 직접 감시하며 잘못한 곳에는 엄벌을 내렸지. 또 스님들에게 진제장을 맡겨서 좀 더 많은 사람이 굶지 않도록 살폈어.

호조판서 안순은 충청도에 심한 흉년이 들어 많은 사람이 죽자 그곳으로 바로 내려가 적극적으로 진제장을 설치했어. 특히 굶주린 백성들이 진제장을 믿고 찾을 수 있도록 수령이 직접 관리 감독하게 했지. 그래서 빠른 시간 내에 많은 사람을 구했다고 해.

 지금 우리는

진제장에서 피어난 생명 존중의 마음

진제장은 모든 생명을 귀히 여기는 마음에서 출발했어. 이렇게 생명을 존중하는 자세는 인권 중에서 생명권에 해당하는 가장 중요한 요소로 지금도 이어지고 있어.

정해진 시간에 와서 줄을 서면 급식을 받을 수 있는 무료 급식소가 바로 그래. 현재 전국에서 여러 단체가 무료 급식소를 운영하고 있어. 어떤 조건도 없이 줄만 서면 식사를 할 수 있지. 누구든 눈치 보지 않고 배고프면 와서 먹을 수 있도록 말이야. 진제장과 닮았지?

또 보호자가 없거나 사정이 어려워 굶는 아이들에게는 도시락을 배달하거나 급식 카드를 주는 제도도 있어. 방학 때는 학교 급식을 먹지 못하기 때문에 끼니를 거르는 친구가 많아서 배려한 거야.

무료 급식소보다 더욱 발전된 형태도 있어. 사정이 더 어려운 사람들에게 단순히 음식을 주는 데에서 나아가 잠잘 곳까지 제공해 주는 거지. 집을 잃고 길에서 생활하는 노숙자들이 쉴 수 있는 쉼터 같은 데가 그런 곳이야. 노숙자들이 안전하게 쉬고 건강하게 다시 일할 수 있도록 돕지.

재난을 당한 지역에도 무료 급식과 잠자리를 제공하고 있어. 태풍이나 장마, 대형 화재 등 재난으로 집과 재산을 모두 잃은 사람들에게 임시로 지낼 곳을 마련해 주고 음식도 주지. 개인에게 닥친 고난을 공동체에서 도와주고 함께 이겨 내려는 마음이 보여. 오래전부터 이어져 온 인권 존중의 마음이 바로 이런 제도들로 실현되어 실제로 많은 사람들에게 도움이 되고 있는 거야.

 세계 속으로

로마의 곡물법

"모든 길은 로마로 통한다."라는 말이 있을 정도로 거대한 영토와 많은 인구를 거느렸던 로마 제국. 이 로마 제국에도 역시 빈민을 위한 무료 급식 정책이 있었어. 바로 로마의 곡물법이야.

잦은 정복 전쟁으로 로마 시민들은 많이 지쳐 있었어. 게다가 정복한 토지는 늘 귀족의 몫이었지. 귀족들은 토지를 소유해 곡식 매매를 독점했어. 시민들은 비싼 값에 곡식을 사 먹어야 해서 점점 더 가난해질 수밖에 없었지. 그래서 수없이 많은 빈민이 생겨났어.

이 상황을 지켜보던 그라쿠스 형제는 개혁을 시도했어. 그라쿠스 형제는 로마의 귀족이었지만 평민을 위한 개혁을 하고자 했거든. 형제는 토지의 면적을 정한 다음 그것보다 더 많이 가진 귀족의 토지는 빈민층

● 형제인 티베리우스 그라쿠스와 가이우스 그라쿠스는 모두 로마의 호민관이 되어 여러 가지 개혁을 시도했어.

에게 무상으로 나눠줬어. 또 국가가 일정한 양의 밀을 사들여서 시민들에게 절반 가격에 팔도록 했어. 이 절반 가격 정책이 성공한 후에는 로마 시민이면 누구나 무료로 밀을 받아 굶지 않도록 하는 곡물법을 제정했지.

귀족들의 원망을 많이 사서 곡물법이 오래가진 못했지만, 먹을 것이 없어 생명을 잃는 사람이 없게 하려던 그라쿠스 형제의 마음만은 오래 기억되고 있어.

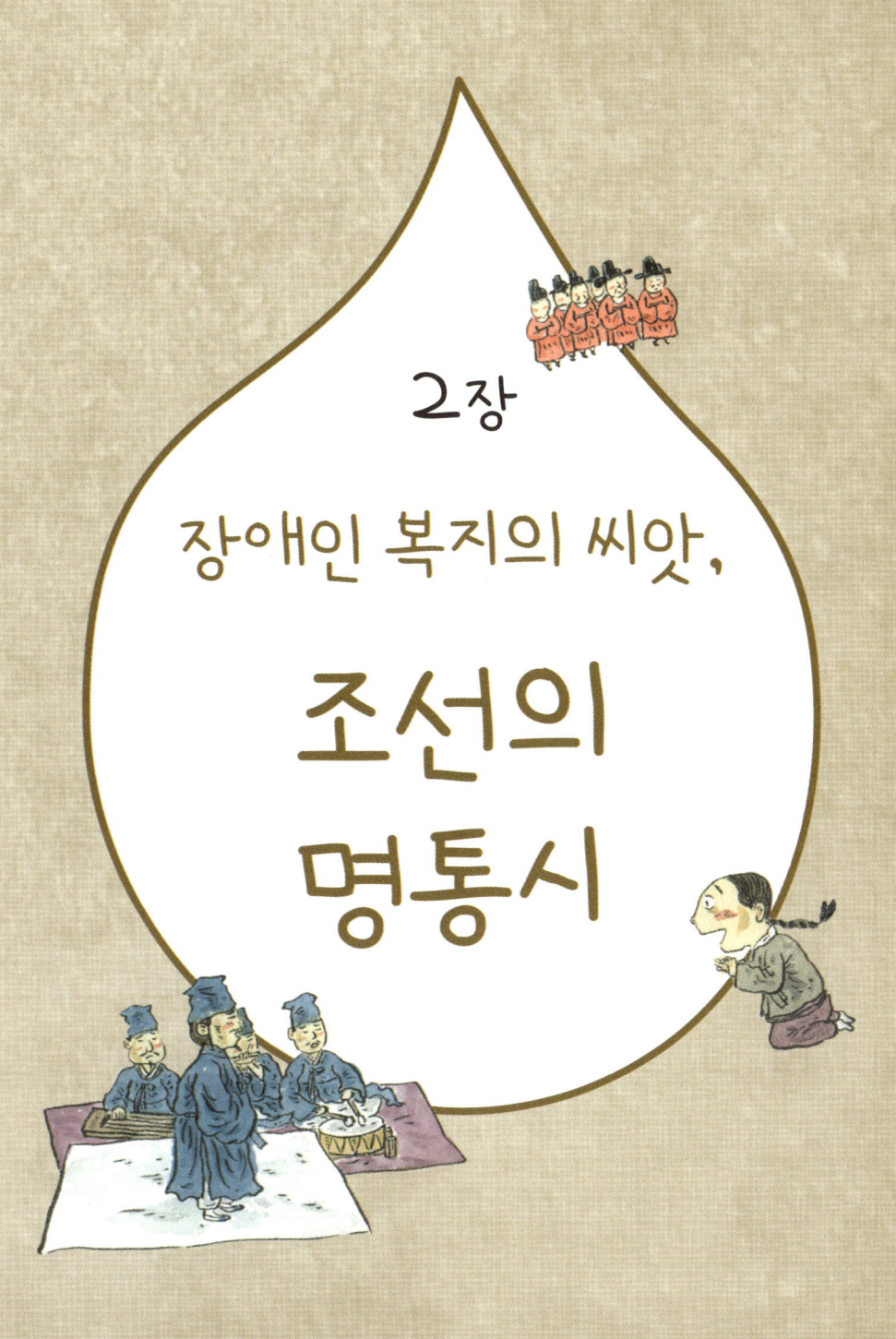

세상 속으로

장만이는 간만의 외출이 설레면서도 조금은 불안했다.

"정말 우리한테 일거리를 준다고 한 거지?"

"정말이라니까, 형! 창고 옆에서 짚으로 가마니 짜는 일만 하면 된다고 했으니까 어렵지도 않을 거야."

장만이는 동생 덕만이가 있어서 든든했다. 장만이는 어릴 때 열병을 크게 앓은 후로 앞을 볼 수 없게 되었다. 가난한 살림 때문에 가족들은 모두 남의 집 일까지 다니는데, 장만이는 열다섯 살이 넘도록 집 안에서만 지내는 것이 늘 미안했다. 그래서 틈나는 대로 마을에 나가 일거리를 찾으러 돌아다녔다. 그럴 때면 "앞도 못 보는 녀석이 무슨 일이냐?"라며 퇴짜 맞기 일쑤였다. 동냥을 나온 걸인 취급을 당하며 쫓겨나는 일도 예사였다. 그래서 오늘도 관청 잔치에 일할 사람이 필요하다는 얘길 듣고 덕만이와 함께 나오긴 했지만 여전히 불안했다.

 잔치 준비로 바쁘게 일하는 사람들 사이에 장만이도 덕만이의 도움을 받아 자리를 잡고 앉았다. 짚 꼬는 일이라면 아버지한테 어릴 때부터 배워 온 까닭에 장만이의 손놀림은 누구보다 빨랐다. 그 덕에 장만이의 눈이 보이지 않는다는 사실을 눈치 챈 사람은 아무도 없었다. 그런데 정말 순식간에 일이 벌어졌다.

"불, 불이 붙었어. 짚더미에 불이 붙었다고!"

"물! 빨리 가서 물 떠 와!"

갑작스러운 난리에 놀라 소리치는 사람들 사이에서 장만이는 바닥에 주저앉아 어쩔 줄을 몰랐다. 뜨거운 기운이 훅 밀려

오자 다리가 바들바들 떨렸다.

"누구야? 누가 앞도 못 보는 사람을 여기에 데려와서 일을 시킨 거야? 짚더미에 제대로 불이 붙었으면 어쩔 뻔했냐고!"

귀청이 떨어져 나갈 듯한 호통을 듣고 멀리서 덕만이가 달려왔다. 누군가가 불씨가 남은 재를 들고 가다가 잠깐 일어선 장만이와 부딪히면서 불씨가 날아가는 바람에 벌어진 일이라고 했다.

"이런 귀한 잔치 자리에 앞도 안 보이는 사람을 부르면 어떡해! 이러다 사람이라도 크게 다치면 누가 책임질 거냐고. 내일부터는 너희 둘 다 나오지 마라."

장만이는 동생에게 너무 미안했다.

"어떡해. 한참을 일했는데, 나 때문에 너까지 품삯도 못 받고."

장만이는 그 말까지 하고 입을 닫아 버렸다. 그러고는 집으로 돌아와 속상한 마음에 이불만 쓴 채 오랫동안 누워 있었다.

그런데 며칠이 지난 후, 밖에 나갔다 돌아온 덕만이가 좋은 소식이 있다며 한껏 들뜬 목소리로 장만이를 찾았다.

"형, 혹시 '명통시'라고 들어 본 적 있어? 거긴 눈이 안 보이는 맹인들이 일을 할 수 있도록 돕기 위해 나라에서 만든 관청이래."

장만이는 덕만이의 이야기를 더 자세히 들으려고 바짝 다가앉았다.

"평소에는 맹인들이 독경(주문이나 책의 글귀 등을 소리 내어 외는 일)을 배우다가, 나라에 큰 행사가 있을 때 독경을 하면 나라에서 쌀과 베를 준다더라고."

"설마, 귀한 나랏일을 앞 못 보는 맹인에게 맡긴다고?"

장만이는 동생의 말이 쉽게 믿기질 않았다. 점을 치거나 굿을 해서 먹고 사는 맹인들의 이야기는 들어 보았지만 나라의 큰 행사에 맹인들이 참여한다는 건 처음 듣는 얘기였다.

"사흘 뒤에 숭례문 앞에서 큰 기우제가 열린대. 그날 같이 가서 보면 사실인지 아닌지 알 수 있을 거야."

덕만이도, 장만이도 그 말이 사실이기를 간절히 바랐다.

사흘 뒤, 장만이는 덕만이의 손을 잡고 숭례문 앞에 도착했다. 엄청난 인파의 웅성거림과 웅장한 악기 소리 때문에 장만이는 기우제의 엄청난 규모를 짐작할 수 있었다.

"쿵! 쿵! 쿵!"

한양 하늘에 퍼지는 우렁찬 북소리가 기우제의 시작을 알렸다. 흥분한 덕만이가 옆에서 떠들어 대기 시작했다.

"형, 높은 관리들이 양쪽으로 쭉 줄을 지어 서 있어. 와! 맨 앞에는 임금님과 왕비님이 절을 하고 계시는데……."

기우제의 모습이 덕만이의 입을 통해 생생하게 전해졌다.

"형, 지금이야. 맹인들이 줄을 지어 걷고 있어. 악기를 든 악공도 맹인이고……. 곧 독경이 시작될 모양이야."

덕만이가 형의 손을 꽉 쥐었다. 장만이의 손에 땀이 흥건하게 배었다.

"댕! 댕!"

종소리가 독경의 시작을 알리자 술렁이던 사람들이 일제히 조용해졌다. 단 위에 올라선 맹인이 경문(어떤 의식을 할 때 외는 주문)을 외기 시작하자 그 아래에 선 수십 명의 맹인이 한목소리로 경문을 외웠다. 여러 사람의 목소리가 하나로 울려 퍼지면서 주위는 경건하고 신비스러운 기운으로 가득 찼다.

'글자도 볼 수 없을 텐데……. 얼마나 연습을 많이 했으면 저

렇게 한 글자도 틀리지 않고 같은 소리를 낼 수 있을까? 정말 놀라워.'

장만이는 벅차오르는 감정을 누를 수가 없었다. 중요한 나라 행사에 맹인들이 저렇게 큰 힘을 보탤 수 있다는 사실이 놀랍고도 자랑스러웠다.

"사실이었어, 맹인 독경은······."

장만이는 목이 메어 왔다. 암흑의 세상에서 희미하지만 한 줄기 빛을 본 것만 같았다. 자신도 노력하면 나랏일을 할 수 있고 또 그 대가로 집에 쌀과 베를 가져갈 수 있다니, 상상만으로도 장만이는 마음이 따뜻해졌다.

"형, 옛 어른들이 '세상에 버릴 사람은 아무도 없다.'라고 했대. 몸이 불편한 사람도 일할 수 있도록 나라가 도와주니까 형도 더는 걱정하지 말고 세상으로 나가."

덕만이는 잡고 있던 형의 손을 힘주어 꽉 쥐었다. 장만이의 눈에서 기쁨의 눈물이 흘렀다.

역사 속으로

세계 최초의 장애인 복지 기관, 명통시

조선의 3대 왕 태종(재위 1400년~1418년)은 시각 장애인을 돕기 위한 특수 관청 '명통시'를 세웠어. 명통시에서는 시각 장애인들이 정기적으로 모여 나라의 안녕을 비는 경문을 읽었지. 그리고 기우제와 같은 나라의 큰 행사가 있을 때 참여해서 독경하고 그 대가로 쌀이나 베 등을 받았어. 이렇게 국가 기관이 나서서 장애인을 지원한 예는 기록상 명통시가 세계 최초라고 해.

이 밖에도 조선에는 장애인의 복지와 인권을 보호하기 위한 다양한 정책이 마련되어 있었어. 장애인과 그 가족들에게는 세금과 부역(나라의 일을 하는 것)을 면제해 주었어. 또 장애인을 정성껏 보살핀 사람에게는 나라에서 상을 내렸지. 반대로 장애인을 괴롭힌 자에게는 엄하고 무거운 벌을 내렸고, 장애인이 이유 없이 죽임을 당하면 그 마을의 호칭을 한 단계 아래로 내릴 만큼 큰 사건으로 다루었어.

그렇다고 장애인을 돌보아야 할 대상으로만 생각하진 않았어. 장애인들에게 사회에 나가 일할 기회를 주려고 했지. 명통시처럼 악공, 점복사, 독경사로 일할 수 있는 기회를 제공하고 전문적인 교육을 받게 했어. 양반이 관직을 얻을 때도 장애인이라고 차별하지 않았어. 능력이 있다면 장애인도 정1품의 높은 벼슬까지 오를 수 있었다고 해.

청각 장애인에게 벼슬을 내린 영조

조선 영조 때 이덕수는 여덟 살에 열병을 앓고 청각 장애인이 되었어. 하지만 열심히 공부한 덕분에 과거에 급제하여 대제학, 대사헌 등 높은 벼슬자리까지 올랐어. 1735년 영조는 그를 청나라에 보내 나랏일을 시키려 했지만 다른 신하들이 반대했어. 이에 영조가 "중국어가 외국어인 만큼 듣는 자나 못 듣는 자나 못 알아듣는 건 마찬가지 아닌가?"라고 하자 신하들은 더 이상 반대할 수 없었지. 이덕수는 무사히 청나라에 가서 소임을 마치고 돌아왔어.

우리 역사 속에 이렇게 장애를 가지고도 훌륭한 일을 한 인물이 등장할 수 있었던 이유는 뭘까? 그건 장애를 가진 사람을 차별 없는 시선으로 바라보는 높은 인권 의식이 있었기 때문이야.

지금 우리는

장애인 보호와 인권 보장의 기초, 장애인 복지법

"장애인은 모든 인간이 누리는 기본 인권을 당연히 누려야 하며 그 인격의 존엄성은 충분히 존중되어야 한다. 장애인이라는 이유로 같은 시대, 같은 사회의 다른 사람이 누리는 권리, 명예, 특전이 거부되거나 제한되어서는 아니 된다."

1998년 대한민국 국회에서 채택된 장애인 인권 헌장 제1조의 내용이야. 장애인이 차별받지 않고 비장애인과 동등한 삶을 살 수 있도록 우리나라도 다양한 복지 정책과 인권 보장 제도를 시행하고 있어.

1981년 장애인의 인간다운 삶과 권리 보장을 위해 장애인 복지법을 제정했어. 그리고 수차례 개정을 거치며 장애인의 교육, 주거, 의료, 취업 등에 관한 지원의 근거를 마련했지. 장애인 전용 주차 구역, 장애인

화장실 등 장애인이 편리하게 사용할 수 있는 시설을 마련하는 일부터 비장애인과 장애인의 통합 교육, 기업이 장애인을 의무적으로 고용하는 것에 이르기까지 법에 근거한 다양한 정책들이 시행되고 있어.

또, 2019년 개정된 장애인 복지법은 1988년부터 시행해 오던 장애 등급제를 없애고 정부가 활동 보조 인력을 지원하는 내용을 담고 있어. 단순히 의학적 기준으로 나눈 등급에 따라 장애인을 지원하는 게 아니라 개개인의 욕구와 환경을 세심하게 고려해서 서비스하기 위한 노력이야.

이처럼 장애인을 무조건 보호만 하는 게 아니라 그들이 비장애인과 더불어 다양한 사회 활동을 하면서 행복한 삶을 추구할 수 있도록 정부의 지원 방향도 계속 발전해 가고 있어.

세계 속으로

장애인들의 스포츠 축제, 패럴림픽

　패럴림픽은 장애인들의 국제 스포츠 축제야. '패럴림픽'이라는 이름은 '동등하다'는 뜻의 '패럴렐(parallel)'과 국제 스포츠 축제인 '올림픽(Olympic)'이 합쳐진 단어로, '동등한 장애인들의 스포츠 축제'라는 뜻이야.

　패럴림픽은 1948년 영국 런던에서 시작되었어. 척추를 다쳐서 장애를 입은 환자들이 재활 치료를 위해 경기를 시작한 것이 첫출발이었지. 이후 다른 장애인들도 다양한 종목의 경기를 하게 되면서 국제적인 올림픽으로 발전하게 되었어. 그리고 1960년 로마 올림픽 때부터 올림픽을 개최한 나라에서 올림픽이 끝난 뒤 패럴림픽을 열기로 정해졌어.

　패럴림픽의 종목은 무려 200여 개야. 이렇게 종목 수가 많은 건 더 많

● 패럴림픽에서도 육상, 양궁, 수영, 축구, 조정, 사격 등 다양한 경기가 열려.

은 선수가 참여할 수 있도록 장애별로 등급을 나누고, 비슷한 장애가 있는 선수들끼리 경기를 할 수 있도록 했기 때문이야. 좌식 배구, 휠체어 농구, 휠체어 펜싱처럼 특화된 경기도 있어.

　장애인도 경기에 임하는 자세나 스포츠 정신은 비장애인과 다르지 않아. 오히려 장애를 딛고 불가능에 도전하는 모습은 우리에게 큰 감동을 주지. 장애인 선수들을 다른 시선으로 바라보지 않고 그들의 멋진 도전에 꾸준한 관심과 응원을 보냈으면 좋겠어.

3장

기회 균등의 씨앗, 조선의 관직 진출 제도

노비 소년의 꿈

지성이는 열심히 마당을 쓸었다. 밤새 쌓인 낙엽들이 제법 많았다. 아직 해가 채 뜨지 않은 시각이라 교서관 앞마당엔 비질 소리만 가득했다. 지성이의 얼굴에도 웃음이 가득했다. 그토록 일하길 원했던 교서관에서의 첫날이었기 때문이다.

교서관은 유교 경전을 비롯한 책을 만들고 관리하는 관아였다. 어렸을 적부터 책이 마냥 좋았던 지성에게는 천국과도 같은 곳이었다. 이런 곳에서 일할 수 있게 되다니! 지성은 비록 잔심부름을 맡았지만 스스로 운이 좋은 노비라 생각했다.

"네가 새로 온 아이로구나. 벌써 나오다니, 기특한걸! 그럼 마당 다 쓸고 나서 날 좀 도와주겠느냐?"

이렇게 교서관에서 첫 소임이 주어졌다. 책을 옮기는 임무였다. 옮겨야 할 책들이 엄청나게 많았지만 못쓰게 된 책이나 버려진 책만 겨우 만져 본 지성에게는 오히려 몹시 설레는 일이었다. 지성이는 쌓여 있는 순서가 흐트러지지 않게 조심하며 책을 옮겼다.

"그 책들은 이리 가까이 가져오너라. 옮길 것이 아직 많이 남았느냐?"

한창 책을 옮기는데 관리가 말했다.

"아닙니다. 거의 다 옮겼어요. 세 번 정도 더 옮기면 됩니다."

책을 들고 관리 곁으로 다가간 지성은 관리가 쓰고 있던 글자를 바라보았다. 관리는 오늘 정리하는 책들에 대해 장부에 꼼꼼히 기록하고 있었다. 지성이는 자기도 모르게 감탄사를 내뱉었다. 단지 장부를 기록하는 것일 뿐인데도 막힘없이 써 내려가는 모습이 멋있어 보였다. 붓끝에서 글자가 생겨나는 것이 신기했고, 글자 한 자 한 자에서 힘이 느껴졌다.

"글을 어디서 배운 게냐?"

집중하던 붓을 내려놓고 관리가 물었다.

"아닙니다, 나리. 그저 적힌 글자에서 힘이 느껴져 감탄했을 뿐입니다."

"아니, 이 글을 네가 읽었다고 생각하는 것이 아니다. 그동안 여러 아이에게 책 옮기는 일을 맡겼다만, 너처럼 책을 귀하게 다루는 아이는 처음 보았단다. 그래서 혹여 글을 배운 아이인가 싶었다. 아쉽구나."

관리는 다시 글로 눈을 돌렸다. 지성이는 뭐가 아쉬운지 영문을 몰랐다. 이유를 모르는 것도 조심스러워 묻지 못하고 돌아서는데 그 순간 관리의 외마디 비명이 들렸다. 지성이는 놀라 뒤를 돌아보았다. 책이 쏟아져 있었다. 관리가 잠시 기지개를 켜다가 쌓아 둔 책을 건드린 모양이었다. 지성이는 급히 달려가 책을 주웠다.

"나리, 이건 제가 다시 쌓겠습니다."

"아니다. 놔두어라. 순서가 정해져 있는 거라서 내가 해야 한단다."

"순서를 제가 압니다."

"아니, 글을 모른다고 하지 않았느냐?"

"글을 읽을 수는 없으나 모양은 다 구별할 줄 알아서 옮기면서 순서를 외웠습니다. 혹여 첫날이라 제가 실수라도 할까 두려워서요."

"글자의 모양을 보고 순서를 외웠다고?"

관리는 믿기지 않는 표정으로 지성이를 쳐다보았다. 지성이는 책을 한 권씩 집어 들어 처음 가져온 순서대로 정확히 맞춰 관리의 탁자에 올려 놓았다.

"네 말이 사실이었구나. 정말 놀랄 만한 능력이다. 그럼 너도 나중에 교서관 관리가 되면 좋겠구나."

지성이는 얼굴이 붉어지는 것을 느꼈다.

"나리, 전…… 노비인걸요. 관리라니 가당치 않습니다."

"놀리는 것으로 알았구나. 하긴 그럴 만도 하지. 얘야, 네 이름이 무엇이냐?"

"지성이라고 합니다."

"그래, 지성아. 이 교서전에는 글씨를 옮겨 적는 일부터 목판

에 글을 새기고 본을 뜨는 일까지 많은 장인이 맡아 하고 있단다. 그 관리들 중에는 너처럼 재주가 많아 뽑힌 관노비 출신도 있지."

지성이의 눈이 커졌다. 관직에 진출한 노비라니 믿을 수 없었다.

"노비라고 모두 허드렛일만 하며 일생을 보내는 건 아니란다. 내가 존경하는 장영실 어르신도 동래 지역의 관노 출신이시지."

"장영실 어르신이요?"

"그래. 그분은 손재주가 남달라 어렸을 적부터 관아의 모든 것을 수리하셨단다. 그러다 능력을 인정받고 관리로 등용되셨어. 어디 그뿐이냐. 스스로 울려 시간을 알리는 자격루를 비롯해 백성들의 생활에 도움이 되는 많은 과학 기기를 만드시고 그 공로로 종3품까지 오르셨단다."

지성이의 입이 딱 벌어졌다. 관직만도 놀랄 일인데 종3품이라니! 게다가 노비가 그렇게 훌륭한 일을 해내다니!

"과학 분야 말고도 책을 만드는 이곳 교서관, 그림을 그리는 도화서, 정원을 관리하는 장원서, 화폐를 만드는 사섬시 등에는 기술직 관리에 관노비 출신들이 많단다. 지성이 너도 글을 배우고 열심히 기술을 익혀라. 꿈에는 신분이 없단다. 그러니 너의 재능을 갈고닦아 보렴. 알았지?"

지성이의 코끝이 찡해졌다. 꿈이라니. 여태 자신이 무엇이 될 수 있다는 생각은 해 본 적이 없었다. 게다가 책을 만들 수 있는 교서관의 관리라니, 멍할 정도의 충격이었다.

"하하하, 눈이 빛나는 걸 보니 너도 곧 나처럼 되겠구나!"

지성이는 더 놀란 표정으로 관리를 쳐다봤다. 관리는 일어나 지성이의 어깨를 두드렸다. 그리고 웃으며 말했다.

"나에게도 예전에 여기 앉아 계셨던 나리가 지금처럼 말해 주었단다. 빛을 지니지 않은 사람은 없다고. 너도 빛나고 있단다. 참 곱게 말이다."

 역사 속으로

노비에게도 열린 관직, 조선의 유외 잡직

 신분 제도는 태어날 때부터 그 사람의 신분이 정해져 있는 제도야. 신분은 부모를 따라가게 되어 있어. 부모가 노비이면 태어난 아이도 어쩔 수 없이 노비가 되는 거지. 예전엔 우리나라뿐 아니라 전 세계적으로 신분 제도가 견고했어. 신분이 낮으면 관직을 얻기도 힘들었어.

 하지만 조선의 세종은 조금 달랐어. 능력이 뛰어난 노비들에게 관리가 될 수 있는 기회를 주었거든. 신분보다 그 사람의 능력을 인정하고 존중할 줄 알았던 거지. 이런 생각이 지금 우리에게는 당연하게 여겨지지만 신분제가 너무나 당연하고 자연스러웠던 조선 사회에서는 정말 남다른 인권 의식이라고 할 수 있어.

 세종은 관아에 속한 공노비에게 유외 잡직을 선발하는 시험을 볼 수 있도록 기회를 주었어. 유외 잡직이란 특별한 기술을 가진 관리야. 공노비 중 재주가 뛰어난 이들이 뽑혀 관리직에 임명되었지. 서적을 인쇄하는 교서관의 관리로 임명되기도 했고, 화폐를 만드는 사섬시의 관리로 일하기도 했어. 조지서에서 종이를 만들거나, 사복시에서 말을 기르거나, 군기시에서 무기를 만들기도 했지.

이외에도 사옹원에서 요리하는 일, 상의원에서 바느질하는 일, 선공감에서 건물을 수리하는 일, 장악원에서 악기를 연주하는 일, 장원서에서 정원을 가꾸는 일 등 다양한 유외 잡직에 응시하여 많은 공노비가 관리가 되었어. 또 여든 살 이상의 노비에게는 양인(양반과 천민의 중간 신분)과 마찬가지로 명예직인 '노인직'을 주었어. 오랫동안 일한 공로를 인정해서 벼슬을 준 거지.

그 결과 세종 때 인재가 많이 나왔어. 이렇게 조선은 신분을 막론하고 재능이 있고 노력하는 사람이라면 꿈을 이룰 기회를 주었어. 노비라도 신분의 제한을 넘어 꿈을 펼칠 수 있도록 도운 조선의 유외 잡직은 인간의 존엄성을 인정한 예라고 할 수 있어.

장영실과 반석평

장영실은 어머니의 신분을 이어받은 관노비였어. 하지만 손기술이 뛰어나 세종 때 과학 기술직에 발탁되어 자신의 재능을 펼쳤지. 저절로 울려서 시간을 알려 주는 자격루, 천체의 운행을 관측하는 혼천의, 해시계인 앙부일구와 비가 내린 양을 재는 측우기 등 많은 과학 기구를 발명했어. 농사가 중요했던 조선에서 이런 기구들은 아주 큰 역할을 했지. 조선의 과학 기술도 크게 발전시켰고 말이야. 장영실은 그 공로로 노비 신문을 면하고 종3품 대호군까지 올랐어.

반석평 역시 노비로 태어났지만 글을 익히는 능력이 뛰어났어. 그 능력을 알아본 한 양반이 반석평을 입양하여 글을 가르치고 과거를 치를 수 있게 도왔어. 그 후 반석평은 과거에 급제하여 능력을 인정받고 지금의 법무부 장관이라 할 수 있는 형조 판서까지 되었단다.

앙부일구 자격루 혼천의

- 세종이 신분의 제약을 넘어 인재를 등용하지 않았다면 이런 뛰어난 과학 발명품은 나오지 않았을지도 몰라.

 지금 우리는

원한다면 누구든 꿈을 꾸어라!
한국장학재단

세계 인권 선언 제26조에는 고등 교육이 실력 있는 모든 사람에게 평등하게 개방되어야 한다고 적혀 있어. 하지만 경제적으로 어려운 사람들은 실력과 의지가 있어도 고등 교육의 기회를 놓치곤 해.

이를 해결하기 위해 만들어진 것이 한국장학재단이야. 한국장학재단은 2009년 설립된 공공 기관(개인이 아닌 사회의 모든 사람들의 이익을 위해 일하는 기관)이야. 의지와 능력이 있다면 경제적인 상황이 어렵더라도 누구나 고등 교육의 기회를 가질 수 있도록 지원해. 개인 사정에 따라 다양한 방식으로 등록금을 지원받을 수 있고, 저렴한 비용으로 기숙사를 이용할 수 있도록 도와줘. 또 의식주 걱정 없이 교육을 받을 수 있도록 저소득층 대학생을 대상으로 생활비를 지원하기도 해.

사회 선배로부터 유용한 경험담과 조언을 듣는 멘토링도 받을 수 있게 연결해 주고 있어. 진로를 선택하고 설계하는 데 실질적인 도움을 주기 위해서야. 그 분야에서 실제로 일하는 선배들의 조언은 큰 도움이 되거든.

한국장학재단의 이런 활동은 개개인의 자유와 권리를 소중히 여기고 더 나은 삶을 추구하는 인권의 목표를 잘 실천하고 있어. 학생들을 돕는 장학 제도는 이처럼 모두가 행복하길 바라는 마음에서 나온 제도야.

 세계 속으로

유아 교육부터 대학까지 책임지는 핀란드

핀란드는 의무 교육 기간 내내 수업료, 교재비, 급식비는 물론 통학 비용까지 모두 정부가 부담하는 것으로 유명해. 게다가 가정 형편이 어려운 학생에게는 매달 일정액의 교육 보조금도 지급하지. 유아 교육에서 대학 교육까지 전부 무료여서 의지만 있으면 원하는 만큼 교육을 받을 수 있어.

핀란드는 인구에 대비해 학교를 세웠어. 대신 한 학년을 세 개의 반으로 하고 한 반에 스무 명 정도인 소규모 학교를 많이 지었어. 섬세하게 배려하고 지도하기 위해서야. 게다가 지역 학교 간 성적 차이도 가장 적다고 해. 핀란드의 어느 지역을 가도 비슷한 수준의 교육을 받을 수 있는 정책을 마련했거든. 사람이 사람답게 살기 위해서는 교육이 무엇

● 핀란드의 헬싱키 중앙 도서관에서 자유롭게 책을 보는 어린이들. 누구나 무료로 이용할 수 있는 공공 도서관 역시 국민들에게 동등한 교육의 기회를 제공하는 역할을 하고 있어.

보다 중요하다는 생각에서 출발한 정책이야.

물론 핀란드 사람들은 교육비로 많은 세금을 내. 하지만 큰 불만 없이 모두가 성실히 세금을 납부하고 있어. 국민들이 사회 구성원 전체의 이익을 위해 함께 행동하는 공익성을 중요하게 여기기 때문에 가능한 일이지. 소외되는 사람이 없이 모두가 공평하게 교육을 받고 함께 행복하길 바라는 핀란드의 교육 정책. 인간다운 삶을 추구하는 인권의 출발점이야.

4장

아동 보호의 씨앗,

고려의 아동 보호 제도

부모 잃은 갑순이의 눈물

몽골군이 휩쓸고 간 마을은 그야말로 쑥대밭이었다. 몽골군은 창고란 창고는 다 뒤져 곡식이며 과일까지 다 훔쳐 갔고, 남녀 가리지 않고 젊은 사람들은 죄다 끌고 가 버렸다.

"불은 왜 지른 거야? 마을에 멀쩡한 집이 하나도 없네."

까맣게 타서 폭삭 주저앉아 버린 집을 보니 갑순이는 눈물이 핑 돌았다. 몽골군은 떠나면서 마을 여기저기 불을 질렀다. 갑순이는 네 살배기 동생을 업고 맨발로 정신없이 마을을 빠져나와 목숨을 건졌지만, 돌아와서 다시 보게 된 마을은 사람이

살 수 없을 만큼 흉하고 끔찍했다.

"누나, 여기 계속 있을 거야? 배고파. 목도 마르고."

"아랫마을로 가 보자. 거긴 몽골군이 오지 않았다니까 사람들이 있을 거야."

어린 동생의 손을 꼭 쥐고 마을을 떠나면서 갑순이는 자꾸만 뒤를 돌아보았다.

"누나, 아빠는? 엄마는 언제 와?"

"몰라. 빨리 걸어. 늦으면 해 떨어진다고."

갑순이는 대답은 하지 않고 말을 돌려 버렸다. 자꾸만 엄마, 아빠를 찾는 동생에게 무슨 얘기를 해야 할지 몰라서였다.

몇 달 전, 군역을 나간 아버지는 전쟁터에서 돌아가셨고, 친척 집에 가서 먹을 것을 얻어 오겠다며 나간 엄마는 전염병에 걸려 싸늘한 주검으로 돌아왔다. 그렇게 이제 겨우 열 살인 갑순이는 고아가 된 채 어린 동생까지 돌봐야 하는 처지가 되었다.

반나절을 걸어 도착한 마을에서도 사람은 쉽게 보이지 않았다. 몽골군의 침략에 전염병까지 돌고 있어서 대부분 피난을 떠난 상황이었고, 사람이 있어도 문을 걸어 둔 채 나오질 않았다.

"보리죽이라도 좋으니 먹을 것을 조금만 주세요. 어린 동생이 며칠을 굶었어요."

지나가는 사람을 붙잡고 매달려 보아도 도와주는 사람이 하

나도 없었다.

"누나, 배가 너무 고파서 더는 못 걷겠어. 엉엉!"

갑순이는 땅바닥에 주저앉아 우는 동생을 보며 생각했다.

'나도 울고 싶다. 날은 어두워지는데, 오늘은 또 어디서 자야 하나?'

그때 어디선가 나타난 아저씨가 말을 걸었다. 눈썹이 짙고 깡마른 아저씨였다.

"너희들, 뭐 하니? 보아 하니 갈 곳이 없나 보구나. 아저씨랑 같이 가자. 먹을 것을 주마."

인상이 꽤 무섭다고 생각했지만, 갑순이는 먹을 것을 준다는 말에 동생 손을 잡고 얼른 아저씨를 따라나섰다. 이것저것 생각할 여유가 없었다.

그런데 가는 길에 만난 다른 아저씨와 그 아저씨가 나누는 이야기를 엿듣고 갑순이는 뭔가 잘못됐다는 걸 깨달았다.

"저기 어린놈은 네 살밖에 안 돼 보여. 그냥 여자아이만 데려

가자."

갑순이는 그제야 동네 어른들이 하던 이야기가 떠올랐다.

"전쟁 통에 고아가 된 아이들을 데려다가 숯 굽는 위험한 일도 시키고, 돈 받고 노비로 팔아넘기는 사람들도 많으니 조심해라."

갑순이는 도망쳐야 한다는 생각이 들었다. 아저씨들이 이야기를 나누느라 한눈을 판 사이 동생의 손을 잡고 달렸다. 주위에 보이는 사람 하나 없었지만 무작정 엄마, 아빠를 부르며 뛰었다.

"이놈들, 어딜 도망가? 거기 안 서?"

뒤에서 아저씨의 거친 목소리가 들리자 다리가 얼어붙는 것 같았다. 그때 동생이 돌부리에 걸리면서 둘은 함께 길바닥에 넘어졌다. 아저씨가 험악한 표정으로 갑순이의 멱살을 쥐었다.

이제 모두 끝났구나 싶어 갑순이는 두 눈을 질끈 감았다. 그런데 그때였다.

"너희는 뭐 하는 놈들이냐? 왜 어린아이를 괴롭혀?"

군졸이었다. 순찰을 나왔다가 돌아가는 길에 아이들을 본 것이었다. 군졸을 보고 당황한 아저씨는 횡설수설 얼버무리다가 황급히 그 자리를 떠났다.

"이런 때에 어린아이들이 겁도 없이 돌아다니면 큰일 난다. 어서 집에 돌아가거라."

"돌아갈 집이 없어요. 부모님도 안 계시고요."

갑순이가 슬픈 목소리로 말했다.

"그랬구나……. 그럼 나랑 같이 가자. 관청으로 가면 너희를 돌봐 줄 게야."

군졸은 동생을 꼭 안고 있는 갑순이에게 말했다. 하지만 갑순이는 방금 겪은 일로 놀란 마음이 진정되지 않은 터였다. 그래서 군졸의 말이 쉽게 믿기지 않았다.

"좀 전의 일로 겁을 먹은 모양이구나. 그럴 만도 하지. 들어 본 적이 있는지 모르겠지만 전쟁 중에 부모 잃은 아이들을 관에서 돌봐 주는 곳이 있단다. 난 그저 너희를 그곳에 데려다주려는 게다. 동생을 보렴. 저렇게 제대로 먹지도 못하고 추운 곳에 있으면 곧 쓰러진다. 내 말을 믿고 가자."

동생을 쳐다보니 영락없는 거지꼴이었다. 갑순이는 군졸이 내어 준 삶은 감자 몇 알로 동생과 허기를 채우며 걸었다.

한참을 걸어가자 낡았지만 번듯한 기와집이 눈에 들어왔다. 안에는 또래로 보이는 아이들이 많았다. 어서 들어가 보라며 등을 떠밀고 군졸은 서둘러 돌아갔다. 갑순이는 그래도 선뜻 들어가기가 어려웠다. 갑순이와 동생이 쭈뼛거리며 문 앞에 서 있는 모습을 보고 한 아주머니가 다가왔다.

"어서 들어와. 너흰 일단 좀 씻고 뭘 먹어야겠구나. 자세한 사정은 나중에 들어도 되니까."

얼마 만에 듣는 다정한 목소리인지. 갑순이는 눈물이 와락 쏟아졌다. 그동안의 설움과 두려움, 막막함이 한꺼번에 복받쳐 올라왔다. 갑순이는 아주머니의 치맛자락을 붙들고 그렇게 한참을 꺽꺽 울었다.

"힘들었지? 어린것이 동생까지 챙겨서 다니느라 얼마나 고생했을까."

아주머니는 갑순이를 따뜻하게 안아 주었다.

"이제는 걱정하지 마라. 여기서 먹고 자면 돼. 마음 편히 갖고 이제 좀 쉬어."

이제야 갑순이는 안전한 곳으로 왔다는 생각에 안심이 되었다.

"오늘은 엄마, 아빠가 꿈에 나오면 좋겠다. 그럼 우리가 무사히 잘 있게 됐다고 말할 텐데……."

갑순이는 동생의 손을 꼭 잡았다.

 역사 속으로

고아들을 보호한 고려

고려 시대에는 전쟁이나 외적의 침입, 전염병으로 한꺼번에 많은 사람이 다치고 죽는 일이 많았어. 그래서 부모를 잃은 아이들이 많았지. 또 흉년이 들어서 먹을 것이 없거나 너무 가난해 생활이 힘들면 어린 자식을 버리고 도망가는 부모도 있었어.

고려는 이렇게 남은 고아들을 한곳에 모아 보호하고 좋은 곳으로 입양될 수 있도록 도왔어. 고려의 왕 성종은 부모가 없는 아이들에게 관청에서 곡식을 나눠 주도록 했지. 그리고 열 살이 되지 않은 아이들은 관청에서 보호하고 양육하도록 했고, 열 살이 된 후에는 살 곳을 직접 선택할 수 있게 했어.

충목왕 때는 '해아도감'이 설치되었어. '해아'는 어린아이란 뜻이야.

그 명칭으로 보아 어린아이들을 보호하고 양육할 목적으로 만든 국가 기구로 추정돼. 하지만 안타깝게도 아이들을 어떻게 얼마나 보호했는지에 대해선 자세한 기록이 남아 있지 않아.

　이렇게 고려는 어린이의 생명을 소중히 여기며 지켜 주려고 노력한 나라였어. 어린이를 어른의 소유물이나 노동력으로만 생각하지 않고, 그 인권을 보호하고 지켜 주려 했던 조상들의 높은 인권 의식을 엿볼 수 있지.

아동 인권 운동에 앞장선 방정환 선생

　어린이날을 세계 최초로 만든 나라는 어디일까? 바로 우리나라야. 방정환 선생이 1922년 '어린이'라는 말을 공식적으로 사용했고, 1923년 5월 1일 방정환 선생 외 여러 명이 처음으로 어린이날을 정하여 발표하고 기념 행사를 치렀어.(어린이날이 5월 5일로 정해진 것은 해방 이후의 일이야.)

　"짓밟히고 학대받고 쓸쓸하게 자라는 어린 혼을 구원하자."

　문학가였던 방정환 선생은 어린이를 위한 최초의 잡지를 발간하면서 이런 글을 남겼어.

　일제 강점기는 어린이들에게도 힘든 시기였어. 이를 안타깝게 여기며 어린이가 존중받는 세상을 만들어야 한다고 생각한 선생은 어린이들을 위한 여러 운동을 펼쳤어. 어린이를 위한 단체를 만들고 어린이를 위한 동화 전집도 발간했어. 그리고 아동 문학 분야를 만들고 발전시켰지.

방정환 선생은 아동 인권의 선구자라는 평가를 받고 있어. 1920년대에는 아동 인권에 대해 고민하고 실천했던 나라와 인물을 찾아보기가 어렵거든. 미래를 이끌어 갈 소중한 어린이들이 씩씩하고 바르게 자랄 수 있도록 좋은 환경을 만들자고 외쳤던 방정환 선생의 정신이 오래도록 이어졌으면 좋겠어.

● 방정환이 창간한 월간 『어린이』 표지. '고 방정환 선생 추모호'라고 써 있어.

 지금 우리는

아동 인권을 지키는
유엔 아동 권리 협약

우리나라에서 아동 복지를 위해 만든 최초의 법은 아동 복리법이야. 1961년에 제정되었어. 어린이가 건강하게 출생하여 안전하고 행복하게 자라날 수 있도록 그 복지를 보장하는 것이 목적인 이 법률은 이후 명칭이 변경되어 현재의 아동 복지법이 되었지.

과거에는 아동이 좋은 환경에서 자랄 수 있도록 하는 것을 중요하게 여겼어. 하지만 사회가 발달하고 아동 인권에 대한 의식도 성장하면서 지금은 아동의 의사나 선택을 존중하고, 자신이 사는 도시나 나라의 정책에 의견을 반영할 수 있는 권리까지 보장하도록 노력하고 있어.

이에 더해 우리나라는 1989년에 만들어진 유엔 아동 권리 협약에 가입해 그 규정을 지키려고 노력하고 있어. 이 협약은 아동을 단순한 보호 대상이 아닌 존엄성과 권리를 지닌 주체로 보고 아동의 생존, 발달, 보호, 참여에 관한 기본 권리를 지키도록 하고 있어. 또 18세 미만의 아동은 생명권, 의사 표시권, 고문 및 형벌 금지, 불법 해외 이송 및 성적 학대 금지 등의 아동 기본권을 보장받을 수 있고, 가입국은 이를 위한 모든 법적, 행정적 조치를 마련해야 해.

● 누구나 쉽게 읽고 이해할 수 있도록 간단한 그림으로 표현한 유엔 아동 권리 협약 아이콘 포스터

 세계 속으로

아동 구호 국제기구를 창설한 에글렌타인 젭

전 세계 빈곤 아동을 돕는 국제기구 '세이브 더 칠드런'은 1919년 영국인 에글렌타인 젭이 만들었어. 제1차 세계 대전 때 영국과 오스트리아는 서로 적국이었어. 영국을 포함한 연합국은 전쟁 중에 오스트리아로 들어가는 모든 식량과 물자를 차단하는 봉쇄령을 내렸지.

● 전쟁으로 끔찍한 고통을 겪는 아이들을 돕고자 했던 에글렌타인 젭

오랜 전쟁과 봉쇄령 탓에 오스트리아에서는 많은 아이가 굶어 죽었어. 이런 상황을 직접 목격한 젭은 영양실조에 걸려 깡마른 아이들의

사진을 들고 거리로 나섰어. 그리고 전단을 나누어 주며 전쟁으로 희생되는 아이들을 도와 달라고 외쳤어.

그녀의 행동을 보고 적국을 돕는 배신자라며 싸늘한 시선을 보내는 영국인들도 많았지만 젭은 굴하지 않았어. 계속 모금을 해서 죽어 가는 아이들의 생명을 구했어.

세이브 더 칠드런은 전쟁이 끝난 후에도 세계 각국의 빈민 아동을 구제하는 기구로 발전하여 100년 넘게 활동하고 있어. 그리고 에글렌타인 젭은 아동 인권 보호 운동에 앞장서며 1923년 아동 권리 선언문을 발표했어. 이 선언문은 아동 인권 운동의 초석이 되었지.

"굶주린 아동은 먹여야 하고, 아픈 아동은 치료해야 하며, 발달이 뒤처진 아동은 도와야 하고, 엇나간 아동에게는 돌아올 기회를 주어야 하고, 고아와 부랑아에게는 주거와 원조를 제공해야 한다."

그녀의 이 연설은 많은 사람에게 깊은 울림을 주었어.

아직도 세상 곳곳에는 전쟁과 재난 속에서 기본적인 인권조차 누리지 못하는 어린이가 많이 있어. 이런 어린이들이 꿈과 희망을 잃지 않도록 지속적인 관심과 노력을 기울여야겠지?

감옥에서 죽고 싶지 않아요!

천성이는 진짜 억울했다. 그저 심부름으로 고기를 창고에 가져다 놓았을 뿐이다. 그런데 창고에서 인삼이 없어졌다고 앞뒤 따져 보지도 않고 도둑으로 몰다니! 천성이는 온갖 죄를 짓고 들어온 사람들과 자신이 함께 감옥에 있다는 사실이 도무지 믿기지 않았다. 하지만 당장 더 큰 문제는 몸이 아프다는 것이었다.

붙잡혀 들어올 때 너무 많이 맞아서 그런지 온몸이 결리고 욱신욱신 쑤셨다. 게다가 해가 지고 나서부터는 몸이 덜덜 떨리기 시작했다. 추위 때문인지 무서움 때문인지 모를 일이었다. 겨울 옥사는 얼어 죽고 여름 옥사는 쪄 죽는다던 어른들의 말이 떠올랐다. 그만큼 감옥은 단 하루도 살 곳이 못 된다는 뜻이었다. 그 말을 떠올리자 누명을 벗기도 전에 죽을지도 모르겠다는 생각이 들어 무서웠다.

실제로 감옥 안은 처참했다. 일단 냄새가 고약했다. 무언가 썩는 것 같은 냄새에 참고 참다가 결국 토하고 말았다. 당황한 천성이는 손에 잡히는 거적 조각으로 덮어 치우기 시작했다. 그러자 덮을 거적도 없는데 무슨 짓이냐며 여기저기서 욕이 튀어나왔다.

천성이는 감옥 안을 둘러보았다. 바닥에는 얇은 거적 하나만 깔려 있었고, 그나마도 군데군데 해어져 흙바닥이 드러난 곳이 많았다. 창살 사이로는 찬바람이 거침없이 새어 들어왔다. 바람이 덜 들어오는 안쪽에는 덩치 큰 아저씨들이 자리를 잡고 있었고, 쪼그리고 모로 눕거나 문가에 기대앉은 사람들도

있었다. 천성이네 안방보다 조금 더 클까 말까 한 그곳에 열다섯 명이나 있었다. 너무 비좁아서 서로 내쉬는 숨이 닿을 지경이었다. 그래도 너무 아파서 눕고 싶었던 천성이는 눈치를 살피며 흙바닥이 드러나지 않은 곳을 찾아 슬며시 누웠다.

"야! 안 비켜? 어디 새로 들어온 꼬맹이가 다리를 뻗어!"

"네? 죄, 죄송합……. 앗, 아얏!"

천둥 같은 목소리에 깜짝 놀란 천성이가 급히 몸을 일으키다가 상처 입은 어깨가 갑자기 너무 아파 소리를 질렀다.

덩치 큰 남자는 들은 척도 하지 않으며 천성이를 밀어내고 누웠다. 하는 수 없이 천성이는 창문 아래 바람이 제일 많이 들어오는 자리에 쭈그려 앉았다. 생각보다 굉장히 추웠다. 바닥에 흩어진 지푸라기를 모아 깔고 앉아 보았지만 바닥은 심한 냉골이었다. 저절로 이가 부딪히고 어깨가 심하게 떨렸다. 그런데도 어쩐 일인지 자꾸만 잠이 쏟아졌다.

'이러다 내가 죽는 걸까?'

문득 그런 생각이 들자 엄마가 너무 보고 싶었다. 천성이는 눈을 감았다. 자기도 모르게 앓는 소리가 새어 나왔다.

얼마나 시간이 지났을까?

"야, 일어나. 일어나 보라니까. 어? 몸이 불덩이잖아!"

"세상에 이 꼬마 기절한 것 같아. 얘야! 얘야!"

누군가가 소리치고 있었다. 목소리로 보아 다리를 뻗었다고 호통치던 아저씨인 것 같았다.

'무슨 일이지?'

천성이는 겨우 정신이 돌아왔지만 눈을 뜰 수가 없었다. 그런 와중에도 목소리가 이어졌다.

"여보시오, 포졸 나리! 여기 꼬마가 쓰러졌어요. 오전에 들어온 녀석인데 열도 나고……. 어서 빨리 좀 와 보시오!"

어찌나 목소리가 컸는지 옆방에서도 놀라 옥 전체가 웅성거리기 시작했다. 그러나 천성이는 여전히 일어날 수가 없었다.

그렇게 까무룩 다시 잠이 들었다. 그 뒤로도 한참이 지나 천

성이는 낯선 목소리에 잠이 깼다.

"정신이 좀 들어? 그래도 움직이지 마. 아직 침을 빼지 않았으니까."

힘겹게 눈을 뜨고 보니, 낯선 아저씨가 손에 침을 놓고 머리를 만지고 있었다. 의원인 모양이었다.

천성이는 의원과 자신에게 소리 지르던 남자를 번갈아 쳐다보았다. 그러자 남자가 뒷머리를 긁으며 말했다.

"아프다고 했으면 자리를 내줬을 텐데. 이리 아픈 줄은 몰랐어. 미안하다."

"그래도 덕천이 자네가 소리소리 지르며 화를 낸 덕분에 온 옥사가 뒤집혀 내가 이리 빨리 달려온 게 아닌가. 너무 자책하지 말게."

편들어 주는 의원의 말에 남자는 얼굴을 붉혔다.

"상처 난 곳에 염증이 생겼더구나. 더럽고 추운 곳에 있다 보니 감염이 된 것 같은데, 침으로 열을 내리고 상처에도 약을 썼으니 나아질 게다. 그래도 다행인 건 네 덕에 이곳이 제일 먼저 혜택을 누리게 되었어. 봐라. 좀 달라졌지?"

의원의 말에 천성이는 주변을 빙 둘러보았다. 일단 사람들의 얼굴이 깨끗했다. 바닥에는 새 거적이 깔려 있었고 감옥 안에 뜨끈뜨끈한 화로가 두 개나 놓여 있었다. 지독한 냄새도 사라진 듯했다.

천성이의 얼굴에 의아함이 가득했다. 그 모습에 덕천이라 불리는 남자가 웃으며 말했다.

"옥 안이 좀 달라졌지? 전하께서 죄인도 귀한 목숨이라고 죽게 두지 말라 하셨대. 이제부터 겨울에는 화로에 넣을 숯도 주시고, 여름에는 먹을 물과 씻을 시간도 주신다는구나. 너처럼 아픈 아이는 의원에게 진료도 받을 수 있고 말이야!"

"아니, 그리 좋은가? 허허, 나도 내내 마음이 쓰였는데 참 다행일세!"

의원은 덕천의 등을 토닥이며 웃었다.

"그러게요. 아까 씻으면서도 꿈인가 싶었다니까요. 옥에서 씻을 수 있다니."

"깨끗해야 전염병에 걸리지 않을 테니까. 꼬마야, 너도 어서 건강해져라. 너처럼 어리거나 죄가 크지 않으면 가족 면회도 가능하단다. 엄마 보고 싶지 않니?"

"보고 싶어요. 그리고 구해 주셔서 고맙습니다. 아저씨도요."

천성이는 의원과 덕천 아저씨에게 꾸벅 인사를 드렸다. 아픔이 씻은 듯이 낫진 않았지만, 그래도 처음 감옥에 들어왔을 때보다 한결 마음이 편안해지는 것을 느꼈다.

'그래, 억울하게 갇혀 있게 되진 않을 거야. 곧 나갈 수 있을 거야. 힘내자!'

천성이는 마음속으로 이렇게 다짐했다.

 역사 속으로

죄는 미워하되 사람은 미워하지 않는 '재소자를 위한 5대 강령'

 사람은 모두 귀하고 인간의 존엄성을 지키는 일이 중요하다는 건 누구나 알아. 하지만 모두의 인권을 보호하기란 생각처럼 쉽지 않단다. 나에게 혹은 사회에 해악을 끼친 사람의 인권까지 인정하고 보호하기는 어려우니까. 이런 점에서도 세종은 누구보다 앞서 갔어.
 1448년 세종은 '재소자를 위한 5대 강령'을 만들었어. 재소자란 감옥에 갇혀 있는 사람을 말해. 세종은 "감옥을 설치하는 것은 죄인을 징계하고자 하는 것이지, 사람을 죽이고자 하는 것이 아니다."라고 했어. 5대 강령의 내용을 살펴볼까?
 첫 번째로, 매년 4월에서 8월까지 재소자들이 마실 냉수를 새로 길어다 자주자주 옥에 넣어 주도록 했어. 심지어 매우 무더운 날은 당시 귀했던 얼음도 넣어 주었다는 기록이 남아 있어. 더위로 목숨을 잃는 재소자가 생기지 않게 배려한 거지.

두 번째로, 5월에서 7월 10일 사이에 한 차례 몸을 씻게 했어.

세 번째로, 매월 한 차례 머리를 감도록 했어. 위생이 좋지 않아 전염병이 생기는 것을 막기 위한 거야. 당시에 물이 귀했음을 생각하면 이것은 큰 배려였어.

네 번째로, 10월부터 정월까지 감옥 안에 짚을 두껍게 깔았어. 재소자들이 추위에 떨지 않게 하기 위해서야. 한겨울에는 죄수 열 명 기준으로 한 섬씩 숯을 제공하기도 했대. 이걸로 화로를 피워 재소자들이 따뜻하게 지낼 수 있었어.

다섯 번째로, 재소자들이 목욕할 때는 관리와 옥졸이 직접 감시해 도망치는 사람이 없도록 했어. 도망치는 사람이 생길까 봐 재소자들의 목욕을 소홀히 하면 안 되니까 말이야.

이외에도 죄수들이 병에 걸리면 치료받을 수 있도록 의원들을 배치했어. 처음에는 '월령의제'라 하여 한 달에 한 번씩 의원을 만날 수 있게 했어. 하지만 급한 환자들이 의원을 기다리다 죽는 경우가 많다 보니 언제든 당장 죄수들을 치료할 수 있는 의원을 가까이 두었어.

하지만 제일 놀라운 제도는 귀휴 제도야. 죄인에게 나이 많은 부모가 있으면 휴가를 주어 일 년에 한 번씩 부모를 만날 수 있게 했지. 또 부모가 죄수로 잡혀 홀로 남게 된 아이들은 관에서 기르게 했어.

세종은 정말 세심하게 백성을 사랑한 분이었어. 모든 백성을 고루 사랑한 세종은 인권의 선구자였지.

세종의 배려, 겨울용 한옥(寒獄)과 여름용 서옥(暑獄)

세종은 감옥의 표준 설계 지침도 만들었어. 모든 죄수는 한 옥사에 있었어. 옥사는 죄인을 가두어 두는 건물을 말해. 남녀 죄수는 따로 있을 수 있도록 각각 옥사를 지었지. 또 겨울용 옥사와 여름용 옥사를 따로 두어 죄수들의 건강을 지킬 수 있도록 했어. 실제로 옥사의 관리였던 사람이 남긴 증언에 따르면 여름용은 바닥에 판자를 깔고 겨울용은 온돌을 깔았대. 이처럼 세종은 죄수들에게도 최소한의 생명 유지 장치를 마련해 주고, 그들이 더위와 추위를 이겨 낼 수 있도록 배려했다는 것을 알 수 있어.

지금 우리는

발전하는 교정 복지 제도

세종이 만든 '재소자를 위한 5대 강령'은 현재의 교정 복지 제도로 이어져 발전했어. 교정 복지 제도는 재소자들을 위한 모든 정책을 말해. 재소자들이 교도소에서 지내는 동안 반성할 기회를 주고, 더불어 새 삶을 살 수 있는 희망을 주는 제도이지.

교정 복지 제도 초기에는 재소자를 사회에서 격리하는 일에 집중했어. 하지만 그들이 출소 후 다시 범죄를 저지르는 바람에 좀처럼 범죄율이 줄어들지 않자 원인과 대책을 연구하게 되었어. 그래서 그들이 범죄 대신 새 삶을 선택하게 할 방법을 찾게 되었지.

15년 이상 된 재소자 중 모범적으로 생활한 사람들이나 곧 출소할 사람들은 사회와 비슷한 개방형 교도소에서 지내게 해. 오래 갇혀 있었기에 사회 적응력이 떨어진 점을 보완하기 위해서지. 1인실이나 4인실도 많이 지어서 단체 생활의 불편함을 조금은 해소했어.

면회 방법도 달라졌어. 창살을 사이에 두고 가족들을 잠깐 만날 수 있는 일반적인 면회는 유지했지만, 모범수에 한정해 가정집처럼 꾸며진 곳에서 가족과 하루를 보낼 수 있는 만남의 집 면회를 마련한 거야.

또 직업 훈련을 통해 사회로 나가 안정적인 삶을 살 수 있도록 돕고 있어. 다양한 프로그램을 운영해 재소자들이 자신의 적성을 찾아 자격증을 따도록 하고 있지. 이들에게 새로운 삶의 기회를 주고 자신감을 가질 수 있도록 돕는 거야. 그래서 열심히 훈련받은 재소자들에게는 출소하기 전 다양한 일자리를 소개하기도 해.

이처럼 오늘날에는 교정 복지 제도를 통해 재소자도 인간의 권리, 즉 인권을 존중받도록 하고 있어. 스스로 인간의 존엄성을 깨닫고 건강한 사회 구성원으로 돌아오길 바라는 마음에서 출발한 제도야.

 세계 속으로

처벌보다 치료에 집중한 스웨덴의 인권 중심 교도소

유럽에도 인권을 우선시하여 교정 복지를 실천하는 나라가 많아. 특히 스웨덴에서는 재소자를 단순히 범죄자가 아닌 치료가 필요한 사람들로 봤어. 죄보다 사람을 먼저 생각하는 인간 존중에서 출발한 교정 복지 제도이지.

스웨덴에서는 교도소에 도착하기 전부터 재소자에 대한 심층 조사를 시작해. 가정 환경은 물론 학창 시절과 교우 관계, 성격의 특징까지 세밀하게 파악하지. 그리고 그렇게 알게 된 내용으로 면담을 하고 범죄가 발생한 원인을 알아내는 데 집중해.

면담 내용을 바탕으로 12단계의 개별 치료 프로그램을 적용해 재소자들을 교육해. 이때 치료 과정은 대부분 일대일 면담으로 진행돼. 만약 출소 후 돌아갈 집이 없거나 직장이 없는 경우엔 일자리 센터와 사회 보장 기관을 연결해 줘서 정상적인 생활을 할 수 있도록 돕고 있어.

이와 같은 치료 프로그램을 실시하자 출소한 사람들이 다시 범죄를 저지르는 일이 꾸준히 줄었어. 그 결과 재소자 역시 줄어들어서 스웨덴 교도소 네 곳이 문을 닫았대.

스웨덴에도 처음부터 치료 프로그램이 있었던 건 아니야. 1990년 대에는 높은 수준의 복지 제도로 재소자들을 대했지만 효과가 없었어. 특히 재복역률은 40퍼센트에 달했어. 그래서 2001년 '무엇이 효

● 법원과 교도소가 함께 있는 오스트리아의 레오벤 저스티스 센터. 빛이 아주 잘 들어오도록 설계된 이 교도소는 수감자들이 이용할 수 있는 안뜰과 휴게실, 옥상의 산책 정원, 체육관과 각종 운동 시설까지 갖추고 있어.

과적인가(What works?)'라는 교정 개혁 프로젝트를 실시해서 원인을 알아내고 지금과 같은 치료 프로그램을 만든 거야.

● 레오벤 저스티스 센터에서 수감자들이 지내는 방.

그저 범죄를 저지른 사실에만 집중해서 처벌하려 했다면 이런 프로그램을 개발하지 못했을 거야. 누구든 안전하게 보호받고 자유롭게 권리를 누리며 살 수 있다는 인권 의식을 재소자에게까지 적용했기에 가능한 일이지. 세계적으로 시설이 좋기로 유명한 오스트리아의 레오벤 교도소에는 "모든 인간은 자유롭고 평등하다."라고 써 있다고 해.

6장

의료 평등의 씨앗,

고려의 동서대비원

의원을 찾아서

아버지는 간밤에 열이 올라 한숨도 못 주무셨다. 그래도 일을 나가야 한다며 문지방을 넘다가 결국 힘없이 쓰러졌다.
"아버지, 어떡해요. 다리에서 고름이 줄줄 흘러요!"
숯 굽는 일을 하는 덕이 아버지는 보름 전쯤 다리에 큰 화상을 입었다.

하지만 따로 치료할 여유가 없어서 약초를 붙이고 천으로 감아 둔 탓에 덕이는 상처가 이렇게 깊은 줄 몰랐다.

상처가 곪아 피부 속까지 시꺼멓게 썩어 들어가는 아버지의 다리를 보고 덕이는 와락 눈물이 쏟아졌다. 더는 이대로 두면 안 될 것 같았다.

"아버지, 오늘은 의원에게 가야 해요. 이러다 정말 큰일이라도 나면……."

"쓸데없는 소리 마라. 무슨 돈이 있어서 의원에게 가니? 당장 입에 풀칠할 것도 없는데."

"아버지, 사람부터 살고 봐야죠."

덕이는 너무 속이 상했다. 지난해 병에 걸렸던 어머니도 열흘이 넘도록 집에서 끙끙 앓다가 갑자기 세상을 떠나셨다.

"약에 쓸 돈이 어디 있니? 게다가 우리같이 천한 사람을 누가 치료해 준다고."

이렇게 야속한 말만 해 대던 아버지가 얼마나 미웠는지 모른다. 그리고 세상도 미웠다. 다 똑같은 사람인데, 천한 신분이라고 아파도 치료 한번 못 받는 그런 몹쓸 세상인가 싶었다.

"이렇게 열이 계속 오르면 정말 큰일 나요. 마을에 가서 약재라도 얻어 올 테니 꼼짝 말고 계세요."

덕이는 주저할 시간이 없었다. 마을로 들어가 의원 집부터 찾았다. 약 냄새가 대문에서부터 진동하는 의원 집에서 덕이는 손님들을 제치고 다급하게 의원을 불렀다. 애절하고 다급한 덕이의 부탁에 기다리던 사람들도 길을 내주었다.

"나리, 나리, 제발 도와주세요. 저희 아버지가 아파서 당장 치료를 해야 해요."

하지만 방 안에선 아무런 기척도 없었다. 덕이는 몇 번이나 다시 의원을 불렀다. 그제야 의원이 겨우 문을 열고 내다보았다.

"여기가 어디라고 소란을 피우느냐?"

의원은 초라한 행색의 덕이를 위아래로 쓱 훑어보고는 눈을

한 번 찡그렸다.

"가거라. 여기는 걸인들을 치료하는 곳이 아니야. 너처럼 공짜로 치료를 해 달라고 오는 사람이 하루에도 몇이나 되는 줄 아느냐?"

말이 끝나기도 전에 덕이는 하인의 손에 끌려 문밖으로 쫓겨나왔다. 어디가 아픈지 한마디도 해 보지 못한 게 서러워 눈물이 하염없이 나왔다.

그런데 누군가가 어깨를 툭툭 건드렸다. 의원 집에서 일하는 어린 하인이었다.

"네가 하도 서럽게 울어서 알려 주는 거야. 개경의 동쪽 끝으로 가면 돈을 받지 않고 사람들을 치료해 주는 곳이 있다고 들

었어. 가난해서 치료를 못 받는 사람들을 돕기 위해 나라에서 만든 곳이라 하니 한번 가 봐. 이름이 동서…… 아, 동서대비원이라고 했어."

그 말만 남기고 어린 하인은 후다닥 뛰어 들어갔다.

덕이는 잠깐 머뭇거렸지만 지푸라기라도 잡아야 한다는 절박한 마음이 들었다. 급히 집으로 돌아가 열이 높아서 숨까지 몰아쉬는 아버지를 수레에 태웠다. 그리고 하인이 알려 준 길로 한참을 수레를 끌며 걸었다.

동서대비원.

하인의 말은 사실이었다. 문패가 달린 관청 안을 들여다보니 약재를 달이는 사람들, 치료를 받으러 온 사람들로 마당이 시끌벅적했다. 하지만 덕이는 또 쫓겨날까 봐 섣불리 안으로 발을 들일 수가 없었다. 그때 한 관리가 대문을 나오다가 덕이와 딱 마주쳤다.

"아니, 이렇게 아픈 사람을 실어 두고 얼른 들어오지 않고 뭐

하는 게야?"

"나리, 제가 돈이 한 푼도 없습니다. 게다가 저 같은 천민이 이런 곳에 와도 되는지……."

관리는 대답도 하지 않고 안에 있는 사람들을 급히 불러 아버지를 데리고 갔다. 그러더니 의원이 와서 아버지를 꼼꼼히 살핀 뒤 곪은 다리를 치료하고 열을 내리는 약까지 먹여 주었다. 정말 순식간에 일어난 일이었다.

'아, 내가 지금 꿈을 꾸고 있는 건 아니겠지?'

덕이는 두 눈으로 보고도 쉽게 믿기질 않았다. 그래서 열이 내려 깊은 잠에 빠진 아버지의 얼굴을 한참이나 쳐다보았다.

이번엔 주변을 한번 돌아보았다. 마당에는 이런저런 병에 걸려 온 사람들, 다쳐서 온 사람들이 많아 치료하는 사람들이 쉴 새 없이 바빴다. 그 와중에 마당 한쪽에서는 밥을 지어 굶주린 사람을 챙겨 먹이고 따뜻한 옷도 마련해 주고 있었다.

'아, 여기서 무슨 일이라도 해야 하나? 그냥 있다가는 아버지

의 치료가 다 끝나기도 전에 나가야 할지도 몰라.'

이런 생각이 들자 덕이는 가만히 있을 수가 없었다. 쌓아 놓은 땔감을 부엌으로 들고 가서 아궁이에 불을 때고 물을 길어 날랐다. 그 모습을 가만히 지켜보던 관리가 덕이를 불렀다.

"뭘 하는 게냐?"

"돈도 못 내는데 이렇게 정성스럽게 치료를 해 주시니 제가 뭐라도 해야 할 것 같아서요."

"허허, 그러지 않아도 된다. 이 모든 것이 나라가 하는 일이야. 치료를 받는 일에 귀한 사람, 천한 사람이 따로 있겠느냐. 우리 나라는 아프고 힘든 병자를 버리지 않으니 넌 아무 걱정 말고 가서 쉬어라."

덕이는 그제야 진심으로 마음이 놓였다. 온기가 도는 방에 들어가 고단한 몸을 편히 뉘었다.

 역사 속으로

무료 진료로 생명과 인권을 지킨 동서대비원

몸이 아픈 사람은 치료를 받아야 해. 이것은 인간이 누려야 할 당연한 권리이지. 하지만 옛날에는 아파도 치료를 받지 못하는 사람들이 많았어. 특히 중국에서 의학서나 약재를 수입하던 시절에는 약이 귀하고 비싸서 일반 백성들은 치료받을 엄두도 내지 못했지.

하지만 고려는 나라가 나서서 다치거나 병에 걸린 백성들을 치료하고 보호하려고 노력했어. 수도인 개경의 동쪽과 서쪽에 가난하여 치료를 받기 어려운 이들을 위해 무료 병원을 세웠는데 그 이름이 바로 동서대비원이야. 동서대비원에서는 신분에 상관없이 모든 사람이 치료를 받을 수 있었어. 치료뿐 아니라 먹을 것과 잠자리, 입을 옷과 이불까지 모두 무료로 제공했다는 기록이 있어.

조선도 이런 활동을 이어 갔어. 고려의 제도를 계승하여 동소문과 서소문 밖에 대비원을 설치했고, 태종 때부터는 '동서활인원'으로 이름을 바꾸어 운영했어. 『태종실록』에는 "병들고 앓는 자가 있으면 공평하게 대비원에서 치료받도록 해야 한다."라는 내용이 있어. 치료를 받는 데 절대 차별이 없어야 한다는 점을 당부한 거지.

고려의 혜민국

고려 시대에는 동서대비원 말고도 또 하나의 무료 의료 기관 '혜민국'이 있었어. 고려 예종 때 만든 혜민국은 동서대비원과 마찬가지로 가난한 사람들의 치료를 담당했지만, 치료보다는 주로 무료로 약을 나누어 주는 일을 했어. 그리고 전염병이 더 번지지 않도록 막는 역할도 했어. 그래서 공양왕 때는 이름을 '혜민전약국'이라고 바꾸어 부르기도 했지.

혜민국은 조선으로 이어지면서 그 역할이 더욱 확대되었어. '혜민서'로 이름이 바뀌고 약을 짓는 일은 물론, 일반 백성들의 치료까지 모두 담당하게 되었지. 약을 만들고 치료하는 법을 가르치는 교육 기관의 역할도 했어. 그래서 혜민서를 우리나라 국립 의료원의 출발이라고 말하는 사람들도 많아.

 지금 우리는

치료비보다 사람이 먼저인 의료 급여 제도

"모든 사람은 자기 생명을 지킬 권리, 자유를 누릴 권리, 그리고 자신의 안전을 지킬 권리가 있다."

세계 인권 선언 제3조의 내용이야. 사람의 생명은 어떤 가치보다도 소중하고, 누구에게나 그런 생명을 지킬 권리가 있어. 가난한 사람에게도, 죄를 지어서 교도소에 갇힌 사람에게도 치료의 기회는 동등하게 주어져야 해.

세계 인권 선언과도 통하는 동서대비원의 정신은 오랜 시간이 지난 지금까지 이어지고 있어. 우선 경제적으로 어려운 사람들에게 나라에서 의료비를 지원하고 있어. 그게 바로 의료 급여 제도야. 또 아프면 일을 할 수 없는 경우가 많아. 그래서 나라에서는 국민 기초 생활 보장법에 따라 최소한의 의식주를 해결할 수 있도록 돕고 있어.

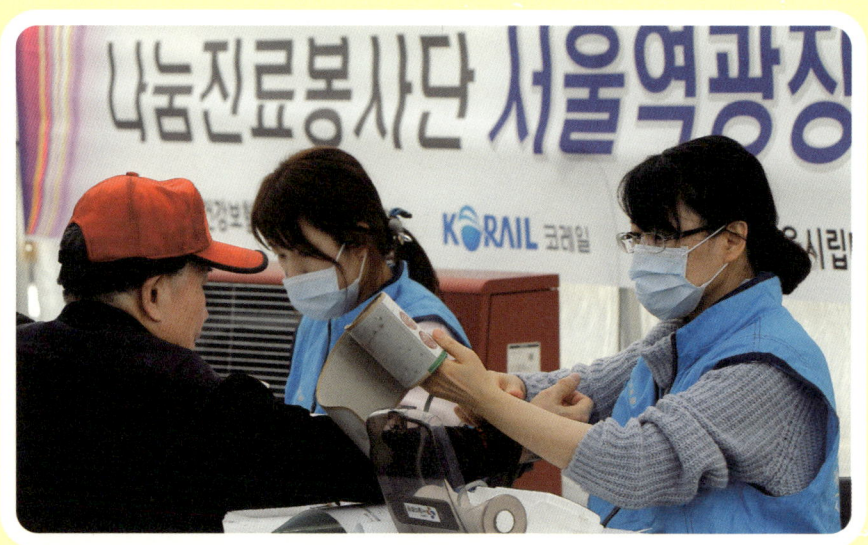

● 서울시 나눔진료봉사단은 노숙인, 외국인 근로자, 저소득층 어르신들과 장애인 등을 직접 찾아가 건강 검진과 진료를 무료로 해 드리고 있어.

복지 기관이나 공공 의료 단체 등이 운영하는 무료 진료소도 돈이 없어 진료를 제대로 받지 못하는 사람들을 치료하고 보호하는 역할을 해. 특히 우리나라에 일하러 온 외국인 노동자나 노숙인 등은 국내 의료 보험의 적용을 받지 못해서 아프거나 다쳐도 치료비를 감당할 수 없어 진료를 받지 못할 때가 많아. 그래서 이들을 돕기 위해 운영되는 무료 진료소들이 있어. 정부나 지방 자치 단체에서도 이런 무료 진료소의 운영 비용을 일부 지원하기도 해.

세계 속으로

의료 복지의 중심, 건강 보험

우리나라 동서대비원처럼 국가가 무료로 치료를 보장해 주는 시스템을 서양 역사에서 찾기는 어려워. 하지만 건강 보험은 서양에서 먼저 시작되었어.

건강 보험이란, 국가가 미리 국민에게 조금씩 돈을 걷어 놓았다가 국민이 치료를 받아야 할 때 이 돈을 내주는 것을 말해. 아파서 수술을 받거나 심각한 질병에 걸려서 오랫동안 치료를 받아야 하면 많은 돈이 필요하게 돼. 이때 환자와 가족들에게는 큰 부담이 되기 때문에 치료를 포기하는 일도 생길 수 있어. 하지만 건강 보험으로 국가가 치료에 필요한 비용을 낮춰 주면 환자는 건강을 회복할 때까지 치료에 전념할 수 있지.

건강 보험은 1883년 독일에서 가장 먼저 시작되었어. 그 후 1942년 영국에서 베버리지 보고서가 발표되어 "요람에서 무덤까지"라는 유명한 슬로건을 내걸며 국민 복지 서비스의 시작을 알렸지. 베버리지 보고서는 건강 보험, 실업 보험, 연금 등 모든 국민을 대상으로 한 제도를 정비하는 내용을 담

● 영국 사회 보장 제도 확립의 기초가 된 '베버리지 보고서'를 쓴 영국의 경제학자 윌리엄 베버리지

았어. 건강 보험도 이때 지금과 같은 형태를 갖추게 되었어.

우리나라에서도 정부가 건강 보험을 효율적으로 운영하기 위해 노력하고 있어. 이렇게 치료비 때문에 인권의 가장 기본인 생명권조차 지킬 수 없는 사람이 생기지 않도록 나라에서 최선을 다하고 있어.

제가 대신 다녀올게요

"할머니, 오늘은 죽 좀 드셨어요?"

길상이는 외출하고 오자마자 할머니의 건강부터 살폈다. 일흔을 넘긴 후로 영 기운 없어 하는 할머니는 요즘 부쩍 누워 지내시는 날이 많았다.

'이런 할머니를 두고 아버지가 군역(예전에 나라에서 성인 남자에게 군의 일을 시키던 것)을 가셔야 한다니, 정말 큰일이야.'

　재작년 어머니가 돌아가신 후로 할머니는 쭉 아버지가 혼자 모셔 왔다. 식구라곤 아버지와 길상이 이렇게 셋뿐인데 며칠 전 아버지의 군역 소식을 듣게 된 것이다.

　할머니 걱정에 길상이는 마음이 무거웠다. 게다가 요즘처럼 변방에 왜구가 자주 쳐들어올 때는 군역도 얼마나 걸릴지, 어디로 갈지 모른다는 말까지 동네에 돌았다. 군역을 갔다가 다쳐서 돌아오는 사람도 많았다. 걱정스러운 얼굴로 할머니를 한참 바라보던 길상이는 갑자기 무릎을 치며 말했다.

　"아, 내가 왜 그 생각을 못 했지?"

그러더니 방으로 후다닥 뛰어 들어가 자기 몸의 두 배는 될 듯한 아버지 옷을 소매와 바짓단까지 둘둘 말아 입고 밖으로 뛰어나갔다.

"길상아, 너 무슨 일 있냐?"

"할머니, 나 어디 좀 후딱 갔다 올 테니 죽 다 드시고 계세요!"

그렇게 급히 인사만 남기고 길상이는 냅다 문밖으로 달려나갔다.

한참을 달려 고을의 관아 앞에 도착했다. 길상이는 군역을 등록하러 온 장정들이 줄을 지어 쭉 앉아 있는 모습을 잠시 지켜봤다. 잠시 후 길상이도 크게 숨을 한 번 고르고 마을 이름이 적힌 곳에 한 자리 차지하고 앉았다. 눈을 이리저리 두리번거리며 명부 확인하는 순서를 단단히 살펴보았다. 그때였다.

"진사골 박삼덕, 올해 서른여섯!"

아버지의 이름이 불리자 길상이의 가슴이 갑자기 콩닥콩닥

뛰기 시작했다.

"진사골 박삼덕, 안 왔어?"

놀란 길상이가 손을 번쩍 들어 올렸다. 그러고는 담당관과 눈을 마주치지 않으려고 고개를 푹 숙였다. 키도 커 보이려고 발꿈치를 잔뜩 든 채 신체 검사장으로 걸어갔다. 하지만 곧 커다란 손이 길상이의 목덜미를 콱 움켜쥐었다.

"아, 아저씨, 아파요!"

"하, 절보고 아저씨라니요? 서른여섯이신데, 서른도 안 된 저한테 아저씨라니요?"

담당관이 눈을 동그랗게 뜨고 길상이를 내려다보았다.

"요 녀석 봐라! 어디 머리에 피도 안 마른 놈이 겁도 없이 이런 짓을 해! 박삼덕이 네 아비야? 거짓으로 고하면 아버지도 너도 다 옥에 갇힐 수 있어!"

옥이라는 말에 길상이는 정신이 번쩍 들었다. 그리고 그제야 일이 크게 잘못됐다는 것을 깨달았다.

"한 번만 봐주십시오, 나리. 저희 아버지는 아무것도 모릅니다, 흑흑흑……."

바닥에 납작 엎드린 채 길상이는 몸을 벌벌 떨었다. 바로 그때 고을을 다스리는 부사와 그를 따르는 행렬이 마당으로 들어섰다.

"이게 무슨 소란이냐? 나랏일을 하는 자리가 이렇게 시끄러워서 되겠느냐?"

마당 안이 순식간에 조용해졌다. 부사가 길상이를 보며 말을 이었다.

"넌 내가 뒤에서 다 지켜보았으니 거짓 없이 말해야 한다. 너희 아버지도 모른다고 했으니 누가 시켜서 한 짓은 아닌 듯하고. 그렇다면 이렇게 어린 네가 아버지 대신 군역을 나가려는 이유가 무엇이냐?"

길상이는 온몸이 덜덜 떨렸다. 하지만 지금이 아니면 용서를 구할 기회조차 없을지 모른다는 생각에 입술을 꽉 깨물고 대

답했다.

"저에게 올해 일흔이 넘은 할머니가 계십니다. 그런데 할머니가 지난해부터 영 기력도 없고 자주 아프셔서 하루가 멀게 의원에게 모셔 가야 합니다.

산에서 약초도 뜯어 달여 드려야 하고요. 근데 아버지가 다음 달에 군역을 나가신다고 하니 모든 게 막막해서…….”

"그래서 어린 네가 아버지 행세를 하며 군역을 나가겠다고 여기 왔단 말이지?"

길상이는 이제 정말 옥에 갇히겠구나 싶어 고개를 들 수조차 없었다. 그런데 부사가 갑자기 손을 내밀어 길상이를 일으키고 옷에 묻은 흙까지 손수 털어 주었다.

"거참, 어린아이가 할머니를 생각하는 마음이 정말 애틋하구나. 다행히 오늘

내가 너에게 좋은 소식을 전해 줄 수 있을 것 같다."

부사는 주변에 있던 다른 사람들까지 크게 휘이 돌아보고는 우렁찬 목소리로 말했다.

"나라가 일흔이 넘은 어른을 부양하는 자에게는 군역을 면할 것을 정했소! 노인을 공경하고 모시는 일이 중요하기에 정한 일이오. 이는 곧 관청 앞에 공문으로 붙을 것이니, 이 아이처럼 마음 아파하는 사람이 더 생겨나지 않도록 여러분도 이 사실을 널리 알려 주시오!"

길상이는 그 말을 듣자마자 놀라서 참고 참았던 울음을 쏟아 냈다.

"그럼 정말 저희 아버지는 여기 오지 않아도 되는 거지요, 나리?"

"물론이지, 허허. 이 모든 것이 다 나라가 정한 일이야. 너도 얼른 집으로 가서 이 기쁜 소식을 아버지에게 전해야 하지 않겠느냐?"

그제야 길상이는 눈물을 닦고 서둘러 관청을 나섰다. 집으로 향하는 발걸음이 어느 때보다 가벼웠다.

 역사 속으로

노인을 존중하고 보호하는 고려와 조선의 양로 제도

사람은 누구나 나이가 들고, 나이가 들면 몸이 약해지고 이런저런 병이 들기 마련이야. 우리 조상들은 이런 노인들을 공경하고 정성껏 모셔야 한다는 생각으로 다양한 양로 제도를 실천해 왔어.

고려 시대에는 이와 관련된 기록이 많아. 일흔 넘은 노인을 부양하는 자녀는 군역이나 부역, 세금 같은 것을 면제해 주었어. 죄를 지어도 먼 지역으로 유배를 보내는 벌은 내리지 않았고, 외국으로 일하러 가는 관직도 내리지 못하도록 법으로 정했어.

관청이나 궁궐에서는 노인들을 불러 큰 잔치를 열어 주었다고 해. 이것을 '양로연'이라고 해. 궁궐에서 열리는 양로연에는 왕과 왕비도 참석하여 노인 공경을 직접 실천하면서 백성들에게 모범을 보였어.

조선 시대에는 유교를 정치의 근본으로 삼았기 때문에 노인을 위하는 제도와 정책을 더 다양하게 마련했어. '기로사'라는 국립 경로당도 있었어. 정2품 이상의 양반만 들어갈 수 있다는 한계가 있긴 하지만 국가가 노인의 생활을 지원하는 시설을 운영했다는 점에서 의미가 커. 또 여든이 넘은 노인에게는 신분과 관계없이 명예 관직을 주기도 했고, 원래 관직이 있는 노인은 품계를 한 단계 올려 위상을 높여 주었어.

고려의 것이 아닌 '고려장'

늙고 몸이 약해진 부모를 지게에 지고 가서 산에다 버리고 왔다는 이야기를 들어 본 적 있어? 이 이야기는 효도를 강조하는 일부 설화에서 전해졌어. 이것이 '고려장'이라는 이름으로 불려서 고려 시대의 장례 풍습으로 오해받은 적도 있지.

하지만 사실이 아니야. 고려는 효도를 매우 강조하는 나라였어. 호적을 달리하거나 재산이 없다고 속여서 부모나 조부모를 모시지 않으면 나라에서 큰 벌을 내렸어. 부모가 돌아가셨는데도 슬퍼하지 않고 유흥을 즐겨도 벌을 받았다고 해. 그러니 고려에 이런 풍습이 있었다는 건 앞뒤가 전혀 맞지 않지. 일본이나 동남아시아에서 부모를 산에 두고 오는 장례 풍습이 있었는데, '고려장'이라는 이름 때문에 고려의 풍습으로 오해하게 된 거야.

 지금 우리는

21세기 노인 복지와 인권 보장

우리는 흔히 "노인을 공경해야 한다."라고 해. 나이 드신 어른들을 공손히 모셔야 한다는 뜻이야. 왜 그럴까? 노인들은 지금의 우리를 있게 하고, 이 사회의 발전을 위해 노력해 온 분들이기 때문에 존경과 감사를 표해야 한다는 거야. 또, 이 말에는 이제는 몸이 약해진 분들을 배려하는 마음도 들어 있어.

1970년대 이후 우리나라는 노인 인구가 급격히 증가했어. 의학의 발달로 인간 수명은 늘어나고 산업화와 도시화로 대가족 제도가 무너지면서 가족의 부양을 받지 못하고 혼자 사는 노인이 크게 늘게 되었어. 이때부터 국가는 노인의 생계와 행복을 위한 복지의 필요성을 깨닫고, 1981년 노인 복지법을 제정했지.

현재 시행되고 있는 노인 복지의 가장 대표적인 정책은 '노인 장기 요양 보험'이야. 2008년 7월부터 시행된 이 제도는 가족에게 지워진 노인 부양의 짐을 사회가 적극적으로 나누어 '품앗이'하겠다는 의지로 만들어졌어. 나이가 많거나 노인성 질병 때문에 일상생활이 어려운 노인들에게 가사 활동이나 외출을 돕는 요양 보호사를 보내 주고, 요양이 필요한 정도에 따라 방문 요양 또는 시설 이용 등이 가능하도록 적극적인 지원을 하고 있지.

노인의 인권 보장에도 앞장서고 있어. 노인 학대 예방 센터를 운영하며 정기적인 실태 조사와 함께 예방 교육도 해. 또, 노인 복지관, 실버 카페 같은 전용 시설을 늘림으로써 노인들이 다양한 취미 생활을 즐기며 행복하고 즐거운 노후를 맞이할 수 있도록 돕고 있지.

● 세계 여러 나라의 노약자석 표시. 노약자석 또는 교통 약자석은 노인, 장애인, 임산부, 어린아이 등을 먼저 앉도록 배려하는 자리야.

세계 속으로

초고령 맞춤 도시, 일본의 도요시키다이

　65세 이상의 인구가 전체 인구의 20퍼센트를 넘을 때 '초고령 사회'라고 해. 일본은 2007년 이미 초고령 사회로 진입했고, 노인의 복지와 인권을 보호하기 위해 다양한 정책을 준비해 왔어.

　일본 자바현의 가시와 시(市)에 위치한 '도요시키다이 단지'는 '노인들의 나라'라는 별칭을 얻으며 세계의 이목을 끌고 있어. 원래 가시와 시는 도쿄에서 출퇴근이 가능하고 첨단 시설을 갖춘 곳이라 젊은 층의 주거지로 큰 인기를 끌었어. 하지만 시간이 지나면서 주민 40퍼센트 이상이 빠져나가고 고령의 주민들이 많이 남게 되었지. 도시는 활력을 잃었고, 보다 못한 시는 고령 인구에 맞춘 도시 재생 사업을 진행했어.

　도요시키다이 단지는 겉으로는 여느 아파트 단지와 비슷해 보이지만,

노인을 위한 맞춤형 복지 시설과 행정적 편의를 모두 갖추고 있어. 노인들은 집에서 케어 매니저와 함께 맞춤형 계획서를 작성하고 주치의, 부주치의, 치과 의사, 방문 간호사, 기능 훈련사, 영양사, 약사 등으로부터 종합적인 요양 생활 서비스를 받을 수 있어. 그리고 24시간 동안 요양 보호사가 거주하면서 노인들을 돌보지.

이 단지에서는 노인을 위한 일자리도 제공하고 있어. 인근 지역 일곱 개 농가와 조합을 만들어 체험형 농장, 관광 농장 등을 운영하고, 퇴직한 노인들은 자신의 전문성을 살려 아이들을 돌보거나 가르칠 수 있는 방과 후 시스템도 만들었지. 가벼운 노동으로 경제적 자립을 이루고 삶의 질을 높일 수 있도록 한 거야.

8장
법 앞 평등의 씨앗, 고려의 삼복제

저는 정말 억울합니다!

원진이는 발목을 돌리며 몸을 풀었다. 매일 이 시간이면 강가에서 형과 달리기 시합을 했다. 오늘은 몸이 아주 가뿐했다. 꼭 형을 이길 수 있을 것만 같았다.

"형, 오늘은 꼭 내가 이길거야. 그러니 저녁 계란 포기해!"

"한 번이라도 이겨 보고 큰소리를 쳐라. 부디 이겨서 계란 너 먹어! 난 물린다!"

사실 키가 한 뼘이나 더 큰 형을 이긴다는 건 불가능했다. 원우 형은 또래보다 키도 덩치도 더 컸다. 큰 만큼 힘도 셌다. 그

래서 원진이는 형과 함께 있으면 늘 든든했다.

"자, 준비됐지? 하나, 둘, 셋!"

역시 원우 형은 정말 빨랐다. 매일 강가를 같이 뛰지만 단 한 번도 형을 이긴 적이 없었다. 형은 곧 모퉁이를 돌며 원진이 눈

앞에서 사라졌다. '오늘도 졌다.'는 생각이 든 순간, 큰소리가 났다. 멀리서도 선명하게 들릴 정도였다.

"너 이 자식, 내가 누군지 알고!"

놀라 달려가 보니 형은 무릎을 꿇고 있었고, 그 앞에 비단옷을 입은 도령이 서 있었다. 이야기를 들어 보니 형이 모퉁이를 돌 때 도령이 다급히 피하느라 벽에 옷자락을 긁힌 거였다. 그 바람에 옷이 더럽혀져 도령이 형을 쥐 잡듯 하고 있었다. 형은 흙바닥에 무릎을 꿇고 잘못했다며 연신 머리를 조아렸다.

"옷이 찢어진 것도 아닌데, 너무하시는 거 아닌가요?"

그 모습을 보고 있자니 너무 속상해서 원진이 입에서 투정이 툭 튀어나왔다.

"뭐라고? 이 거지 같은 자식이 뭐라는 거야?"

도령이 갑자기 몸을 돌려 주먹으로 원진이의 얼굴을 쳤다. 순간 원진이는 도령의 체중 실린 주먹을 맞고 쓰러졌다. 얼마나 힘껏 쳤는지 때린 도령도 같이 넘어졌다.

그런데 그만 도령이 먼저 넘어진 원진에게 걸려 앞으로 굴렀다. 그러고는 외마디 비명을 남기며 원진이의 등 뒤로 펼쳐진 강가로 떨어지고 말았다.

원진과 원우 형제는 사색이 되었지만 할 수 있는 일이 없었다. 도령을 모시고 왔던 하인 아이가 소리를 지르며 사람을 부르러 갔다. 도령을 구하러 온 사람들이 강으로 달려갔지만, 도령은 이미 거센 물살 속으로 사라진 후였다.

곧 포졸들이 달려와 원진이를 관아로 끌고 갔다. 잡혀 오자마자 바로 심문이 시작되었다.

"감히 귀족의 아들을 죽이다니, 내 너를 내일 당장 극형에 처할 것이다."

"아닙니다. 전 그저 맞고 쓰러졌고, 도련님은 저를 때린 힘을 못 이겨 앞으로……."

원진이는 상황을 설명했지만 소용이 없었다. 누구도 원진이 말을 귀담아 듣지 않았다. 원진이는 그저 귀족을 죽인 살인자일 뿐이었다.

잡혀 올 때 많이 맞아서 옷이 찢기고 여기저기 피멍이 들었지만 아픈 것도 몰랐다. 그저 무서웠다. 저 멀리 관청 밖에서

대문을 두드리며 소리 지르는 형의 목소리가 들렸다. 형이 간절하게 보고 싶었다. 하지만 그리운 형의 목소리는 너무 멀었고, 분노에 가득 찬 관리는 바로 코앞에 있었다. 원진이는 차라리 내가 다 잘못했으니 목숨만 살려 달라고 빌어 볼까 하는 생각이 들었다.

그때 갑자기 관청의 대문이 활짝 열렸다.

"아니, 지금 무슨 짓을 하는 것이냐!"

뜻밖의 소리에 원진이는 고개를 돌렸다. 청색 도포를 입은 감찰어사가 큰 소리로 호통치며 관청 마당으로 들어섰다.

"어이쿠, 감찰어사 나리! 갑자기 어쩐 일이십니까?"

호통만 치던 관리가 갑자기 의자에서 내려와 급히 허리를 숙였다. 감찰어사란 말에 원진이는 몸을 돌려 그에게 매달렸다.

"나리, 저는 정말 억울합니다. 저는 그저 맞아서 쓰러졌을 뿐이에요. 도련님이 어찌 떨어지셨는지 보지도 못했는데 제가 어찌 도련님을 죽였단 말입니까. 도련님의 하인도 제가 맞은

걸 봤어요. 그런데 극형이라니요. 전 너무 억울합니다!"

감찰어사가 원진이를 찬찬히 살폈다.

"혹시 여기서 맞은 게냐?"

원진이는 고개를 끄떡였다. 그러자 감찰어사가 아랫입술을 지그시 한 번 깨물더니 말했다.

"죄가 확정되지도 않은 아이를 이토록 매질하다니! 이 고을은 죄인을 심문할 때 반드시 형관 세 명이 입회해야 한다는 삼원신수법을 왜 안 지키는 것인가? 단독 조사에 고문으로 강제 자백을 받다니!"

"나리, 이 아이는 화가 난다고 귀족 신분의 도령을 죽였습니다. 당연히 극형으로 다스려야 하지 않겠습니까."

관리의 말에 감찰어사가 큰 소리로 화를 냈다.

"폐하께서 억울한 죽음이 없도록 사형수는 꼭 세 번의 심판을 거치라 하신 것을 잊었느냐? 사형은 삼복제로 다루어야 할 사건이다. 형부로 옮겼어야지! 감히 여기서 극형을 행하려 했단 말이냐! 사람의 목숨은 지극히 중하여 세 번 심사하고 또 신중을 기하라고 폐하께서 신신당부하셨다. 근데 네가 감히 폐하의 명을 어기는 것이냐?"

"그, 그럴 리가 있겠습니까. 제가 생각이 짧았습니다."

그제야 관리는 바닥에 엎드려 머리를 조아렸다.

'삼복제라고? 그럼 난 살 수 있는 건가?'

원진이는 희망의 싹이 보이는 것 같았다.

"애야, 지금 당장 너의 죄가 없다고는 못 하겠구나. 더 살펴봐야겠지. 다만 내가 약속할 수 있는 건 억울한 죽음은 없게 하겠다는 것이다. 폐하께서 모든 사람의 생명은 똑같이 귀중하다 하셨단다. 그러니 조금만 더 힘을 내어라! 죄가 없다면 풀려날 것이다."

감찰어사가 벌벌 떨고 있는 원진이의 등을 부드럽게 쓸어 주며 말했다.

"고맙습니다, 감찰어사 나리."

"바깥에서 네 형이 너의 억울함을 큰 소리로 외친 덕분에 내가 서둘러 들어왔다. 감사 인사는 네 형에게 하거라."

원진이는 형이란 말에 눈물이 왈칵 솟았다.

 역사 속으로

신중한 판결로 생명을 지킨 고려의 삼복제

　삼복제란 사형에 대해서 세 번의 심사를 통해 죄를 확정하는 제도야. 생명의 존엄성을 중시하는 인권 의식을 엿볼 수 있는 제도이지. 삼복제가 없었더라면 원진이는 다음 날 극형에 처해졌을지도 몰라. 당시에는 지금처럼 엄격한 재판 절차를 거치지 않는 경우가 많았거든. 신분이 낮은 사람은 더더욱 제대로 된 판결을 받기가 어려웠지. 그래서 고려의 문종은 공정한 재판을 위해 삼복제를 만들었어.

　1057년 문종은 사형수의 경우 삼복한 뒤에 처결해야 한다고 상서형부에 알렸어. 상서형부는 고려 때 법률이나 소송, 형벌에 관한 일을 맡아 보던 관청이야. 사형은 생명을 빼앗는 일이므로 절대 돌이킬 수 없으니 신중해야 한다고 생각한 거지.

또 1389년 창왕은 입춘부터 입추까지는 사형을 정지하라 했어. 빠른 사형 집행으로 억울한 사람이 생기지 않게 시간을 둔 거야. 개경의 사형 사건은 다섯 번 심사하는 오복계로 하라고 명하기도 했어.

조선 시대에도 인권 존중의 정신은 그대로 이어졌어. 최초의 법전인 『경제육전』에서 삼복제에서 발전한 삼심제를 찾아볼 수 있어. 처음엔 수령이 조사하여 판단하고, 도관찰사가 다시 심리한 뒤, 그 결과를 도평의사사에 보내어 서류상으로 삼복하고 왕에게 알리도록 했지.

삼원신수법(三員訊囚法)

1015년 문종은 삼원신수법을 제정했어. 이 법은 범죄자를 조사할 때 반드시 세 명 이상의 형관이 참여해서 공정한 재판을 진행하도록 한 거야. 청렴하지 못한 관리에게서 백성을 보호하고자 만든 법이지. 형벌은 너무 엄하면 백성들에게 잔인하고, 관대하면 질서를 어지럽히기 때문에 이런 제도를 만들어 재판에 신중을 기할 수 있도록 한 거야.

삼원신수법은 오늘날 우리나라의 합의부 재판과 비슷해. 합의부 재판은 중한 범죄에 해당하는 사건에 대해 세 명의 법관이 함께 재판하도록 하는 거야.

 지금 우리는

모두가 평등하게 보호받을 권리, 심급 제도

 삼복제는 고려 시대와 조선 시대를 거쳐 더 발전했어. 생명의 존엄성은 물론이고 법 앞에선 모두가 평등하게 보호받을 권리를 지키기 위해서지. 지금은 사형 같은 강력한 처벌이 아니더라도 누구든 재판이 불공정하다고 생각되면 여러 번 재판을 받을 수 있게 제도화되어 있어. 이것을 심급 제도라고 해.

 우리나라는 원칙적으로 3심제로 심급제를 유지하고 있어. 재판이 올바르지 못했다고 생각하면 누구든 세 번까지 재판을 받을 수 있지. 지방 법원에서 1심을 받고 판결에 이의가 생기면, 고등 법원으로 2심을 신청해. 이것을 항소라고 해. 2심에서도 판결에 이의가 생기면, 대법원으로 3심을 신청하여 판결을 받을 수 있어. 3심 신청은 상고라고 해.

높은 단계로 올라갈수록 여러 명의 판사가 오래 상의하고 판결을 내려. 물론 모든 재판이 3심제로 이루어지는 건 아니야. 2심제와 단심제도 있거든. 특허 소송과 소규모 선거 소송은 2심제를 채택하고 있어. 특허 법원과 고등 법원의 재판 결과에 불복할 경우 바로 대법원의 심사를 받아.

단심제는 대통령, 국회 의원, 시장, 도지사처럼 직급이 높은 대규모 선거 소송 재판이나, 비상계엄 때 이루어지는 군사 소송 재판 등에서 진행되고 있어. 사회 혼란을 줄이려는 단심제와 2심제에 담긴 세심한 배려 역시 모든 사람이 안전하고 공정한 사회에서 살 수 있도록 하는 인권 존중 정신이라 할 수 있어.

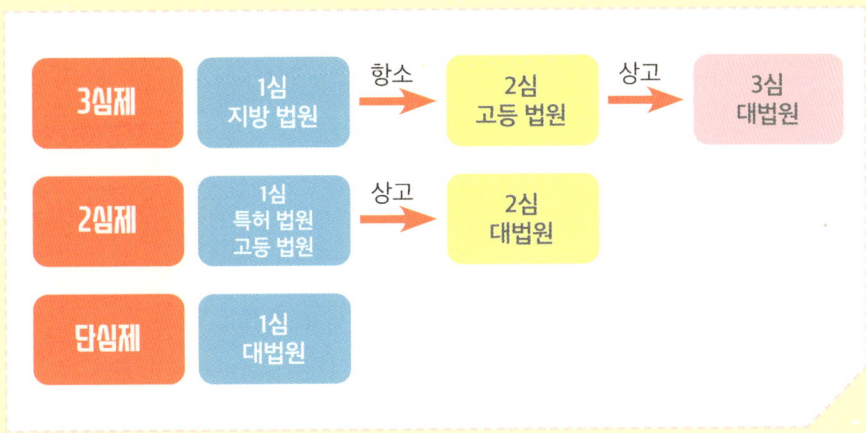

세계 속으로

국민의 기본 인권을 중요시한 미국의 배심 재판 제도

　미국은 선거권을 가진 국민 가운데 선별된 배심원이 재판에 참여해 의견을 내는 배심 재판 제도를 시행하고 있어. 법관이 극소수였던 미국의 건국 초기에 배심, 즉 국민 재판 참여를 통해 분쟁을 해결해 온 전통을 지금까지 이어 오고 있는 거야.

　배심 재판은 열두 명의 배심원이 선정되어 재판을 진행해. 배심원은 미국의 선거권자라면 누구나 될 수 있어. 그래서 배심원으로 선발되면 재판에 참여하는 일을 국민의 의무로 간주하고 있지.

　선거인단 중 사십 명을 무작위로 뽑아서 개인적인 사정이 있는 사람을 제외하고, 피의자와 피해자 양쪽의 이익과 관련 없는 사람들로만 이십 명을 선발해. 그다음 이십 명의 명단을 양쪽 변호사에게 보내 자신

● 뉴욕의 한 법정에서 변호사가 하는 말을 듣고 있는 배심원들. 1869년 한 주간 신문에 실린 그림인데, 미국의 배심원 제도가 오래되었음을 알 수 있어.

에게 불리할 것 같은 사람들을 네 명씩 제외하고, 최종 열두 명의 배심원을 선발하게 되지.

이렇게 선정된 배심원은 사건의 사실 관계에만 집중해서 판단을 내려. 그 판단이 판사가 최종 판결을 내리는 데 핵심적인 역할을 하는 거야.

배심 재판 제도는 일부의 법률 전문가가 아니라 평범한 사람들이 참여하여 주도적으로 재판을 이끌어 갈 수 있게 만든 제도야. 법 앞에서는 모두가 평등하고 공정한 재판을 받을 권리가 있어. 이 제도는 이런 점을 감시하고 지키는 인권 존중의 태도에서 비롯되었다고 할 수 있어.

사진 출처

- 27쪽 그라쿠스 형제 조각상 ⓒ 위키미디어 / Sailko
- 45쪽 휠체어 육상 경기 ⓒ 플리커 / Stuart Grout
- 59쪽 앙부일구 ⓒ 위키미디어 / by Bernat

  자격루 ⓒ 위키미디어 / InSapphoWeTrust

  혼천의 ⓒ 위키미디어 / Jocelyndurrey
- 63쪽 헬싱키 중앙 도서관 오디(Oodi) ⓒ 플리커 / Ninara
- 79쪽 월간 『어린이』 표지 ⓒ 독립기념관
- 81쪽 유엔 아동 권리 협약 아이콘 포스터 ⓒ 유니세프 한국위원회
- 82쪽 에글렌타인 젭 ⓒ 위키미디어
- 102쪽 오스트리아 레오벤 저스티스 센터 외부 ⓒ 위키미디어 / Daniela Ebner
- 103쪽 오스트리아 레오벤 저스티스 센터 내부 ⓒ www.german-architects.com / Paul Ott
- 121쪽 서울시 나눔진료봉사단 ⓒ 연합포토
- 123쪽 윌리엄 베버리지 ⓒ 위키미디어
- 139쪽 세계의 노약자석 ⓒ 플리커 / Eric Fischer / Ryan McBride / Indrid_Cold / Jnzl's Photos
- 159쪽 뉴욕의 배심원들 ⓒ 플리커 / Boston Public Library

* 이 책에 사용한 사진은 저작권자의 허가를 받아 게재한 것입니다. 허가를 받지 못한 일부 사진에 대해서는 저작권자가 확인되는 대로 게재 허가를 받고 사용료를 지불하겠습니다.